10倍速で読んで、要点だけ記憶する

神《カミ》・読書術

プロ書評家
坂本 海

ぱる出版

はじめに・・・
仕事しながら
スキマ時間で、1日1冊読める読書術

超効率的な読書術

本書は**ビジネスパーソン向けの、効率的な読書術の本**です。

「本を読む時間がない」

これは多くのビジネスパーソンが感じていることだと思います。毎日朝から晩まで働き、家事に育児、あるいは趣味や飲み会などと忙しくて、本を読んでいる時間などない、という人はきっと多いことでしょう。

どうすれば本を読む時間ができるのか。

はっきり言って時間などというものは、無理やり作るしかありません。

かといって、「今日からスマホをいじるのを止めて、最低2時間、読書の時間をつくろう」と思っても、実行できる人は限られているでしょう。

本は読まなくても生きていくことはできます。読まなくても誰かに怒られることもありません。ついつい、スマホやテレビに時間を取られるのはしょうがないことです。でも、通勤電車の中の30分、寝る前の15分、会社の昼休みの15分などのスキマ時間を読書にあてる…。これなら、「自分でもできそう」と思ってくれる人は多いのではないでしょうか。

そして、そのスキマ時間読書で、1日1冊読めるようになったら最高だと思いませんか。

実は誰もがやっているエッセンス・リーディング

「そんな都合のよい読書法があるか！」と思うかもしれませんが、実はあります。

それが、「エッセンス・リーディング」です。

「エッセンス・リーディング」と聞いて、みなさんはどう思われるでしょうか。「何だそれ？」「それで本当に理解できるの？」「読書技術なんて身につけるのメンドくさいよ」などと思われるかもしれません。

しかし、エッセンス・リーディングは、誰でもカンタンに身につけられます。

なぜなら、この読み方は、すでにみなさんがある程度、実践しているからです。

たとえば、インターネットのニュースや新聞の記事をみなさんは、熟読していますか？　雑誌や広告はどうでしょうか？　どれもパッと見て、自分に役立ちそうな情報だけを拾っているのではないでしょうか？

おいしい情報だけを、つまみ食い的に読み拾って、それを知識に変えていく。

これがエッセンス・リーディングの効果です。

熟読しないほうが読書はうまくいく

私たちは今、インターネットによって、かつてないほど大量の情報量に囲まれています。現代において、次から次へと情報を取得して、処理していくためには、テキストを隅から隅まで読んでいては、時間がいくらあっても足りません。

本も同じです。毎回、買った本を熟読していては、多くの本を読むことはできません。忙しいビジネスパーソンならば、年に10冊読むことができればいい方でしょう。「年に10冊読めればいい」という声もあるかもしれません。では、その10冊ははたして、良い本だと言い切れるでしょうか。その10冊を読むことで、何か得られるものはあるでしょうか。有益な情報を得られるでしょうか。

本はある程度の量を読まなければ、効果と呼べるものを得られません。なぜなら、10冊程度の本では、情報量が少ない上に、その情報自体が正しいのかわからず、情報も偏ってしまう可能性があるからです。

だったら、**熟読などせずにたくさんの本を読んで、その知識を身につけていったほうが賢くないでしょうか。**

情報はバランス良く得ることが必要です。同じような本ばかり読んでいても、狭い範囲に知識が偏ってしまい、視野が広がりません。

本書で身につく2大効果

ここで、エッセンス・リーディングのさわりをご紹介しましょう。

あなたは、今「はじめに」を読んでいますが、本書を開く前に、本書がビジネス書として、どのポジションにあたるか、考えましたか？

99％の人が考えていないと思いますが、私なら開く前に**「ブックカテゴリー・マップ」**（↓32ページ）で、「本書がどのカテゴリーに属するか？　自分が読む価値はあるのか？」スクリーニングします。

そして、10ページからはじまる目次を見て、読み方の**ガイドライン**（62ページ）を決めます。①「総論↓各論」型、②「総論↓事例」型、③分散型、④ストーリー型、以上4つのどの構成にあてはまるのか考え、それぞれに応じた効率的な読書法を選択していきます。

本書で身につく効果は、「10倍速で読んで」「要点だけ記憶する」という2つです。

図1　本書で身につく２つの効果と６つの要素

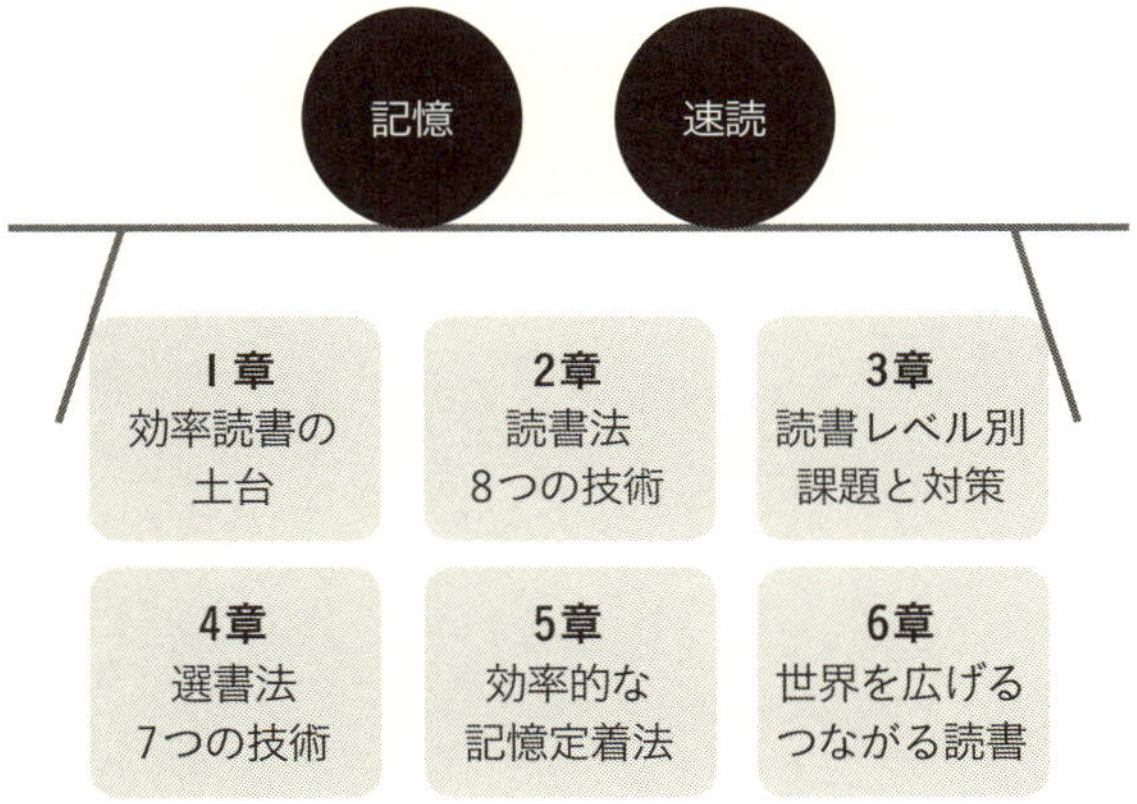

この2つを身につけられるよう、本書は6つの要素で構成しました。

1章では、誰もがやってしまう残念な読書法を紹介しています。ここで、非効率な読書を排除することで、効率読書の土台を築いてください。

2章では、エッセンス・リーディングを構成する8つの技術を紹介します。同章で、具体的な速読メソッドを身につけていきましょう。

3章では、読書レベルに沿った読書法を紹介しています。ここで、あなたがどのレベルに位置しているのかを見極め、それに応じた課題と対策を把握してください。

4章では読書の前提となる、7つの選書技術を紹介しています。いくら読書法を身につけても、中身が空っぽの本を読んでは無意味です。選書の具体的な技術を学ぶことで、価値ある本を選べるようになりましょう。

5章では、本を読んで得た知識の定着に主眼を置きました。インプットの方法を工夫することで、知識を定着させる方法を紹介します。

6章では、読書を人との出会いや、生きた知識につなげていく方法を紹介します。「読書を自分だけの世界で完結させてはもったいない」という思いで「つながる読書術」を伝授します。

誰でもできる超シンプルな読書法

私が紹介する技術は、フォトリーディング的な「速読」のように、「1日10冊読めて」しかも「写真のように記憶に残す」といった類のものではありません。

1日1冊くらいのペースで、新書やビジネス書を読み、要点だけ記憶に残していく、という常識的なものです。

だから、速読を覚えたい人はこの本を閉じて、速読の本を手にとってください。
でも、もしあなたが「速読って大変な訓練とかするんでしょ？　身につけられる気がしない」だとか「スキマ時間で1日1冊読めれば、それで十分」などと、思ったのであれば、本書は必ず役に立ちます。
この本を手に取ったあなたが、1日1冊読めるようになることを願って、さっそく本題に入りたいと思います。

…

…

…

…で！　この次に1章から読みはじめる人が、初心者の方。本書を読んだあとは、目次の分析から入れるようになるでしょう。それでは、今度こそ本当に、本編の始まりです！

第1章
99%の人がしている残念な読書術
あなたは何も考えず書店で売れている本を手にとっていないか？ 20
——なんとなくで本を選ばない、買う前の調べ方。
再現性のないブックジャンルの王様格とは？ 24
——本一冊で人生は変えられない。タイトルを疑う。
自分に役立つ本をカンタンに選べるブックカテゴリー・マップ 28
——カテゴリーを知り、幅広い知識を身につけていく。
インターネット時代に読書を価値あるものにする4つの視点 34
——価値の高い情報は、読書によって手に入る。
第2章
エッセンス・リーディング8つの技術
読書の遅い人が捨てるべきたった1つの思考法 44
——精読はしないで、大事なところを探すことに集中する。

速読術は本当にマスターできるのか？　48
――速く読むよりも、無理なく読めることを優先する。
10倍速で読んで、要点を記憶に残す　エッセンス・リーディング　52
――8つの技術を活用して、効率的に結論を探す。
技術①ガイドライン読書法
◇目次で本の構成をザッと把握できる4つの型　56
――読み始める前に、目次から本の構成を把握する。
技術②結論ファースト読書法
◇「はじめに」と「第1章」は理解できるスピードで読む　63
――高確率で、最初と第1章で結論を把握できる。
技術③相似タイトル読書法
◇タイトルに対応する箇所はコース料理のメインディッシュ　68
――タイトルと副題から、重要な箇所を見抜く。
技術④ハイライト読書法
◇「太字」と「図表」は先に読んでから本文を読む　71

――全体概要を抑え、テキストの理解を効率化する。

技術⑤ケース・スキップ読書法

◇事例は面白さの要因だが、飛ばし読みでも理解できる 74

――事例は手短に読む。

技術⑥サマリーキャッチ読書法

◇質のバラツキに考慮しつつ章ごとの「まとめ」を確認する 78

――まとめを素早く確認して、先に結論を手に入れる。

技術⑦ポストイット読書法

◇五感を利用して脳に記憶を焼きつける 80

――視覚以外も使って記憶する。

技術⑧口直し読書法

◇「おわりに」の著者の想いはさらりとチェックする 82

――情報の取捨選択で、全体の最適化を目指す。

なぜ、本は読めば読むほど読書スピードが上がっていくのか 84

――読む量を増やし共通項を見出していく。

なじみのないジャンルを読むのは時間がかかる　87
――知らない知識を得られる本を積極的に読んでみる。
「この本、ハズレ」と思ったら絶対やるべきこととは？　91
――同時並行で複数の本を読むなど飽きない工夫をする。

第3章 【レベル別】4段階ステップ読書法

読書効果を驚異的に高める4つの「レベル別」読書法　96
――身の丈にあった読書で、継続することを重視する。
ステップ①初級編
◇読書の目的を考え、わからなかったら終了もアリ　99
――本が面白いという体験を得ることから始める。
ステップ②中級編
◇自分の仕事に関わる本を最低月1で読む　102
――本は全部読まないという前提で、「積ん読」を回避。

第4章

選書を効率的にする7つの技術

――書評や要約などの情報を活用し、選書のセンスを磨く。

技術⑤ソムリエ選書法

◇信頼できる自分だけの「書評家」を見つける 157

――自分の周りの読書家を探す。

技術⑥「温新知新」選書法

◇ムリして古典を選ぶ必要なし 159

――古典にこだわらず時流も考える。

技術⑦ワイドバランス選書法

◇7つの観点で本を選んで視野を圧倒的に広げる 162

――書店マニアになるぐらいのつもりで、選書にこだわる。

第5章 記憶を定着させる最強インプット法

多読によって記憶は自然と強化されていく 170

――エッセンス・リーディングの実践で記憶は定着する。

第6章

読むだけで終わらせない！つながる読書術

本を通して、自分よりもデキる人とつながっていく　194
――読書会に多く参加した人は運営側に回ることも考える。

ユルくても集客できる読書会運営4つのポイント　197
――「本を読む人は少数派」であることを前提とする。

終章

読書した者だけがたどりつける世界

本で得た知識を仕事の武器にする方法　202
――読書の目的は知識の獲得ではなく、実践で使うこと。

読書で世の中の「定石」を知り自分をアップデートせよ　204
――継続により、新しい「定石」は生まれる。

第1章

99%の人がしている残念な読書術

あなたは何も考えず書店で売れている本を手にとっていないか？

8万点の中から良い本を選ぶ難しさ

みなさんは、どのような本を読んでいますか？　電子書籍が少しずつ普及し始め、アマゾンのユーザーが増加しているとはいえ、いまだに書籍の売上の75％程度は書店経由だと言われています。多くの人が書店に平積みされた本の中から、1冊の本を手に取ります。本のタイトル、表紙、帯を見て購入します。

現在、新刊の出版点数は、年8万点ほどあります。つまり、1日に220冊の新しい本が出ていることになります。あなたが、選んだ1冊は8万冊の中の1冊なのです。

さて、その本が本当に良い本だと言い切れる人はどのぐらいいるでしょうか。他にもっと良い本はないのでしょうか。自分の選んだ本がいつも当たりで、読書は役に立っていると言い切れる人はどれぐらいいるでしょうか。

私は、『朝、カフェで読書会』という読書会を、これまで7年間で300回以上開催してきました。その中で、延べ3000人に及ぶ多くの読書をするビジネスパーソンにお会いしてきました。そこで、多くの人がどのような本を読み、どのように本から知識を得ているのかを見てきました。

読書会に持ってこられる本は多種多様です。売れている自己啓発書、定番のビジネス書、経営者の自伝、コミュニケーションに関する本、働き方に関する本、AIなどのテクノロジーに関する本など。一言で言えば、何でもありです。最近であれば、落合陽一さんや堀江貴文さんの本が人気で、多くの人が読書会に持って来られます。

自分に意味ある本を選ぶことが大切

では、読書会に来る人は、どのように本を選んでいるのか。参加者に「なぜ、その本を選んだのか」を聞いてみると、「書店でなんとなく選んだ」という回答がほとんどです。多数派は、今話題になっている本、つまり売れている本を持ってくる人です。明確な基準を持って、本を選んでいる人はかなり少数派と言ってよいでしょう。

売れている本を選ぶことが悪いというわけではありません。面白いからこそ売れているという理屈もあります。問題なのは、「ただなんとなく買った本」が、本当にその人にとって意味があるのかどうかということです。

月に何冊も本を読む人であれば、読んだ本がハズレであったとしても、その他に良い本に出会っている可能性が高く、問題ないかもしれません。

しかし、多くのビジネスパーソンは、せいぜい月1、2冊の本を読むので精一杯で、手に取った本が本当に効果的であったのかもわかりません。何となく選んだ本が、それなりに面白くて、**本を読むこと自体に満足してしまっている場合が非常に多いのが実情です。**

はたして、こうした読書に効果があると言えるのでしょうか。

神・読書スキル 1

↓なんとなくで本を選ばない。買う前にまず調べる。

再現性のないブックジャンルの王様格とは？

成功本が役に立たない理由

世の中には、多くの役に立たない本があります。その代表的な本が、「〇〇することでお金持ちになれる」「〇〇すれば運が開ける」「〇〇すれば必ず夢はかなう」といったタイトルの本、いわゆる成功本です。

「成功する」、「お金持ちになる」というのには、もちろん何か原因があります。しかし、誰もが同じことをして、同じ結果を得られるとは限りません。成功に至った原因も複雑で、一概に本に書かれていることだけが、すべての原因なのかもわかりません。成功に至った原因が1つではない場合もあるでしょう。単純に運が良かっただけかもしれません。世の中の因果関係は、私たちが思っている以上に複雑であり、簡単なものではありません。

ましてや、世の中で成功している人、お金持ちになっている人の比率は限りなく小さな数字です。そうした稀なケースについて「こうすればうまくいく」「これが成功の秘訣だ」「世の中は簡単だ」というように、物事を単純化し、誤解させるような本は疑うべきです。

内容に再現性（誰がやっても同じ結果を得られる）がない本には、あまり意味がありません。確かにその本を書いた著者は、その方法で成功したのかもしれません。しかし、多くの場合、運の要素も大きく影響しています。**成功した人と同じことをして、**

誰しもが同じ結果を得られるとは限りません。むしろ、ほとんどの人は、同じ結果を得られないでしょう。さらに言えば、その著者自身が、仮に同じことを繰り返しても、同じ結果を得られるとは限らないでしょう。それほど、世の中の成功や失敗の因果関係は単純なものではありません。

成功本ドランカーになる人の思考様式

本を1冊読んだからといって、簡単に成功したり、お金持ちになることはありません。もし、本を1冊読むだけで、簡単に成功するのなら、世の中は成功者だらけになっているはずです。

出版も商売です。だから、タイトルはわかりやすく、刺激的に、目立つように書かれることが多いのは仕方ありません。しかし、こうしたタイトルによって、中にはとんでもない内容が書かれている本が存在します。

手軽に本を1冊読むだけで何かがうまくいくということはありません。もしかすると、成功者の思考から、ヒントを得られることがあるかもしれません。しかし、あくまで成功本は、占いのようなものだと思って読むぐらいの方が良いのです。

残念ながら、成功本を読む人の多くは、こうした事実を見過ごしています。そのため、次から次に同じような本を手にとっては、その思考に染まっていきます。本を読んで成功するイメージを受けることに酔ってしまい、それだけで終わってしまうのです。

こうした読書に貴重な時間を費やすことはムダ以外の何ものでもありません。

神・読書スキル 2

➡本一冊で人生は変えられない。タイトルを疑う。

自分に役立つ本をカンタンに選べるブックカテゴリー・マップ

読書が1ミリも役に立たないケース

本をよく読むという人の中には、同じような本ばかり読んでいる人がいます。毎回、同じような内容の本を読み、何かを得たつもりになっている。しかし、気分が高揚するものの、長続きせず、すぐに忘れてしまう。読んだこと自体に満足してしまい、読書が何の役にも立っていないパターンです。

本は、ただ読めばいいというものではありません。読むこと自体が目的化してしまい、なんとなく本を読み続けたところで、多くの効果は得られません。本を読むことで何を得たいのか。何を勉強したいのか。本を読むことから得られる効果に対して、意識を向ける必要があるのです。

ビジネスパーソンが身につけるべきこと

では、どのように読書をすればいいのか。専門分野を掘り下げる目的を持って、同じジャンルの本をひたすら読むことは大切です。特に自分の仕事に直接関わる知識を得ることは、短期的に役に立ちます。しかし、一般のビジネスパーソンが、日常的に読書をする場合、まずは汎用的な知識を身につけるための読書から始めた方が良いでしょう。

読書から何かを得ようとするには、ある程度の基礎となる知識が必要になります。

基礎知識を得るためには、幅広いジャンルの本を読む必要があります。そうすることで、多様な視点を得ることができ、知識の偏りをなくし、物事を多角的に客観的に判断するための思考の軸ができていきます。一口にビジネス書と言っても、そのジャンルは様々です。「ビジネス書＝ビジネスに役立つ本」と考えれば、かなり広い範囲の知識に関する本をビジネス書と捉えることができます。

自己啓発、ノウハウ、コミュニケーション、働き方、経営、戦略、マネジメント、リーダーシップ、マーケティング、心理学、経済、テクノロジー、イノベーション、社会問題など、ビジネスパーソンとして、身につけておきたい知識は多岐にわたります。もちろん、自分の興味、関心に応じて、1つのジャンルを掘り下げることが必要な時もあります。他のジャンルは、自分とは関係ないと思うこともあるでしょう。

しかし、ビジネスパーソンにとって、それぞれのジャンルごとの知識を幅広く身につけることは、仕事をする上で役に立ちます。仕事において、得られる効果を簡単にまとめてしまうと、次のようになります。

・自己啓発……………………モチベーションを高める
・ノウハウ…………………仕事の効率を高める（プレゼン、資料作成など）
・コミュニケーション……人とのコミュニケーションを円滑にする
・働き方……………………自分のキャリアを考えるきっかけになる
・経営………………………経営者の視点で物事を考えることができるようになる
・戦略………………………自分の仕事を会社の業績にどう結びつけるかがわかる
・マネジメント……………周囲の人のマネジメントに必要なことがわかる
・リーダーシップ…………人や物事を動かす方法がわかる
・マーケティング…………顧客目線で物事を考えることが身につく
・心理学……………………人の行動を客観的に捉えることができるようになる
・経済………………………お金のことがわかる
・テクノロジー……………今後の社会のトレンドがわかる
・イノベーション…………新しい発想を生み出すことができる
・社会問題…………………ビジネスにおける外部環境や機会を知ることができる

図２　ブックカテゴリー・マップを念頭に置いて本を選ぼう

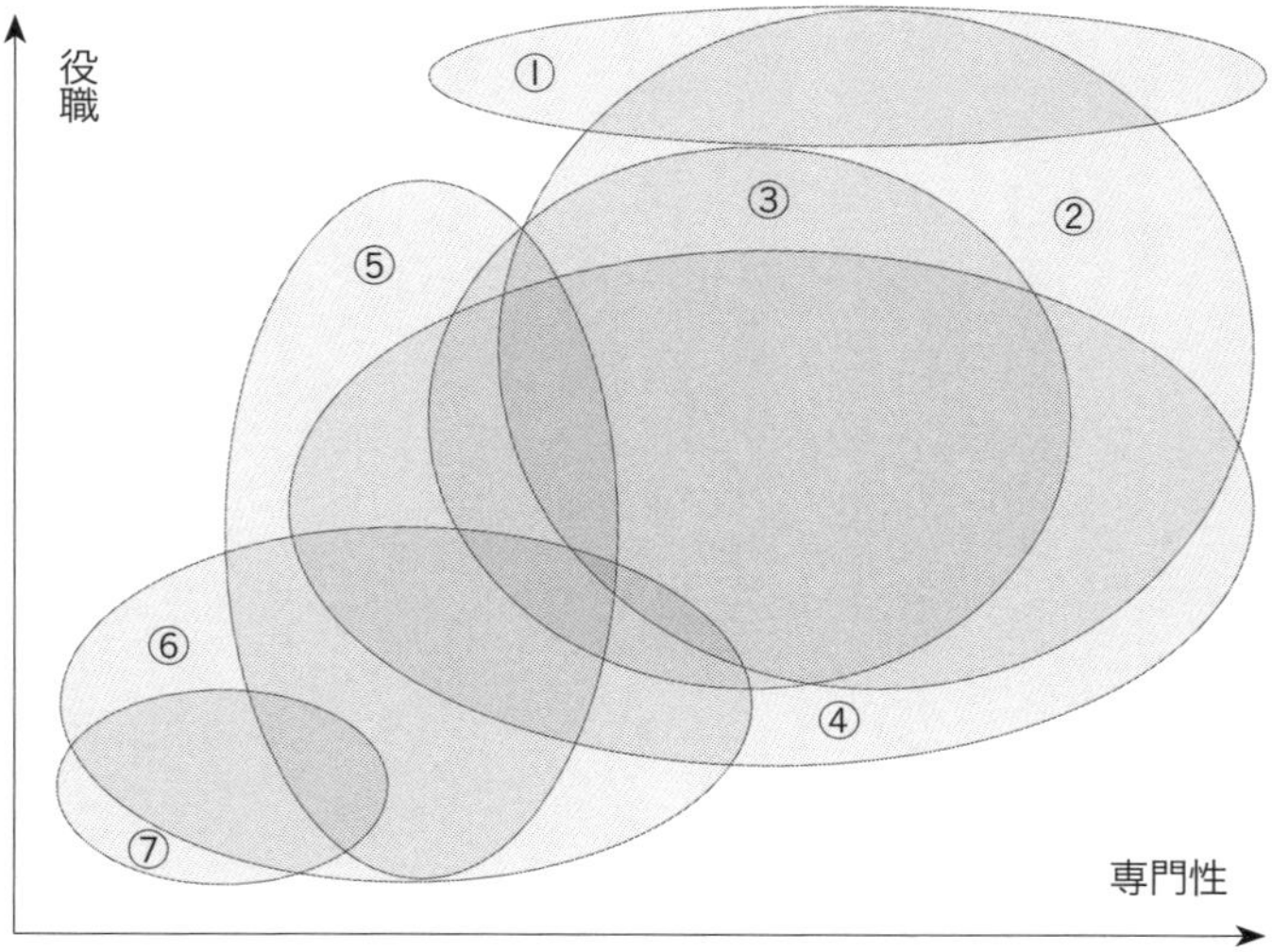

①経営・戦略
②イノベーション・テクノロジー・経済
③マネジメント
④心理学
⑤リーダーシップ
⑥コミュニケーション
⑦自己啓発・ノウハウ

直接、自分の仕事に関係がないとしても、これら一通りの知識を持っておくと、物事の判断を行う際の思考の軸ができます。その結果、これまでに経験したことがない場面に遭遇したとしても、大きく的を外すことがなく、適切な判断を下し、効率的に物事を進めることができるようになります。

また、自分とは異なる人、たとえば異業種の人、自分よりも地位が高い人たちと話をする時にも、こうした幅広い知識は役に立ちます。相手が話していることについて、何も知識を持っていないよりも、こうした汎用的な知識を持っておくことで、相手の話をイメージすることができるようになります。そうすると、相手に何を質問すればいいのか、何を話せばいいのかがわかってくるため、相手を理解しやすくなるのです。

神・読書スキル 3

↓カテゴリーを知り、幅広い知識を身につけていく。

インターネット時代に読書を価値あるものにする4つの視点

本がインターネットに勝っているところ

そもそも読書は何の役に立つのでしょうか。かつて、インターネットがない時代には、読書は情報や知識を手にいれるための重要な手段でした。しかし、インターネットが登場し、検索すれば、多くの答えが得られる時代、単純な一般情報を取得することのみを目的とするならば、本を読む必要はありません。インターネットの記事だけでも十分な情報が得られます。

情報の価値という観点だけで考えれば、現代における読書の価値は、インターネットの登場以前と比較して、低下していると言わざるを得ません。しかし、本にはインターネットよりも優れた点がいくつかあるのです。

①情報の質が担保されている

インターネットの記事には、書き手が責任を持たない匿名の情報が溢れています。匿名の記事は、その内容が正しいのか、どういう目的によって書かれたのかがわかりません。そうした不確かな情報をそのまま受け取ることにはリスクが伴います。誤った情報を受け取り、その後の判断を見誤る可能性があるからです。

近年は、SNSの発展により、実名による記事も圧倒的に増えました。運営元がしっかりしているニュースメディアも増え、一定の信頼できる情報源は増えています。では、インターネットの記事で、書き手が実名を出している場合は、信用して良いのでしょうか。

それでもその情報をどのように取り扱うかには慎重になるべきです。情報は、書いた人の属性や目的によって、その内容が大きく左右されます。同じテーマを扱っていたとしても、書き手が違えば、その論調や立場も変わるため、情報の公平性を見極める必要があるのです。

一時期、キュレーションサイトの記事が、単なるコピペであったり、正確でなかったり、信頼性の乏しいものであったりと、問題になりました。DeNAが運営していた医療系サイト『WELQ』が廃止されるなど、インターネットメディアのコンテンツの信頼性が問題になりました。

こうしたコンテンツの内容自体の信頼性の問題は、完全に払拭されたわけではありません。たとえ、著名な企業が運営元として、メディアを運営していても、チェック体制の不備や漏れなどによって、コンテンツの質は変わってきます。

では、インターネットに比べて、本はどうでしょうか。本は出版されるまでに、出版社の編集者を経由します。そこである程度、情報のスクリーニングが行われます。

書き手が何の制約も受けずに投稿できるインターネットに比べ、編集者の手が入り、情報の取捨選択が行われる本は、情報の質という点では、インターネットに比べて優れています。もちろん、インターネットと同様に、書いた人の属性や目的によって、情報の内容は左右されるので、注意は必要です。

②情報が記憶に残りやすい

1冊の本を読むには、インターネットの記事やニュースを読む以上の時間がかかります。しかし、**時間をかけて情報を消化しなければならないからこそ、読書で得た情報や知識は記憶に残りやすい**と言えます。

昨日Yahooニュースで見た記事をいくつか思い出してみて下さい。おそらく大抵のニュースを思い出すことができないと思います。大きなニュースでさえ、1週間後にはほとんど覚えていないことがほとんどです。

インターネットの記事に比べて、最近読んだ本の内容はどうでしょうか。
読んだ本の内容は、ある程度記憶されていると思います。すべての内容を覚えるのは難しくても、どういう内容の本を読んで、どういう結論だったかぐらいは覚えているのではないでしょうか。

情報を記憶として保持するには、反復して情報を脳に定着させる必要があります。**読書には、読むのにある程度時間がかかるというデメリットがある一方で、だからこそ記憶に残りやすいというメリットがある**のです。

③テーマに沿った情報をまとめて取得できる

1冊の本には、必ずテーマがあります。中には複数のテーマを扱う本もありますが、大抵、その本が主張していることは1つか、多くても3つ程度です。

本は、数が絞られたテーマに沿って、情報がまとめられているため、その内容を体系的に理解することに向いています。1冊の本を読むことを通じて、テーマの内容を効率よく理解し、深掘りできるのです。

インターネットの情報にも、特定のテーマに絞った専門サイトがたくさんあります。しかし、記事の多くは断片情報の集合で、まとまって理解をするには、情報の質と量ともに不足している場合が多いです。情報の質と量という点で、1つのテーマを学ぶには、まだまだ本の方が効率的に情報を取得できると言えます。

④自分で選択していない情報も入ってくる

インターネットで記事を読むと必ず起こることが、自分の興味のある記事しか読まない、というものです。知りたい情報しか入ってこなくなるという性質があるのです。インターネットは、何か調べたいことがある時には便利ですが、情報の幅を狭めてしまうメディアでもあるのです。

最近では、『SmartNews』や『Gunosy』『antenna*』など、自分の興味に応じて、ある程度情報を取捨選択してくれるアプリも人気です。便利である一方で、自分の好みにあった情報を優先して受け取ることになるため、意外性のある情報に触れる機会が減っていきます。

本も同じように、自分の興味のある本しか選ばないということが起こります。しかし、インターネットと異なるのは、本は1つのテーマについて掘り下げて書かれているので、自分の知らない情報、自分で選んでいない意外性のある情報を得られる可能性が高いのです。深掘りすればするほど、知らない情報に触れる機会は増えます。1冊の本には、様々な情報源から情報が引用されています。そのため、1つのテーマについて内容が書かれていても、派生的に多くの情報に触れることになるのです。

普段から、インターネットばかりで情報収集をしていると、必然的に似たような情報しか集まってきません。これは、自分の興味のあることしか情報を選ばないため、結果として起こりうることです。自分の興味のある情報だけを集めていると、情報が偏り、幅広い情報を得ることができず、視野が狭くなってしまいます。

まとめると、**読書には良質な情報をもとに知識を吸収し、物事の見方を広げる効果がある**ということです。「視野を広げる」「物事に対する洞察力や理解力を高める」ことは、仕事をする上で重要なことです。

仕事はほとんどの場合、自分一人でするものではありません。そこには必ず、顧客や上司部下、チームのメンバーといった他者が介在します。商談において、相手が何を必要としているのか、何を考えているのか、自分の上司や部下が何を考えているのか、どのように仕事を進めれば、理解を得られるのか。こうした周囲の人の考え方を想像し、読み解く力は、読書によって磨かれます。

また、様々な企画を考えたり、新しい物事を発想する上で、必要となる創造力も読書によって磨かれます。新しいアイデアは、ある物事とある物事の組み合わせの上に生まれます。そのアイデアの素となる物事のインプットの量が、多ければ多いほど、組み合わせのパターンを増やすことができ、新たなアイデアを生み出しやすくなります。１しか物事を知らない人よりも、１００の物事を知っている人の方が、新しいアイデアを生み出しやすいのです。

さらには、その物事と物事の関係性が、かけ離れているほど、より斬新なアイデアが生まれると言います。当たり前の掛け合わせよりも、意外性のある掛け合わせから、より新規性のあるアイデアが生み出されます。読書によって、幅広い知識を吸収し、視野を広げていると、創造力が磨かれるのです。

神・読書スキル 4

➡インターネットの情報はほとんどの人が知っている。希少性のある情報、価値の高い情報を読書によって手に入れる。

第2章

エッセンス・リーディング8つの技術

読書の遅い人が捨てるべきたった1つの思考法

本を精読したがる人の落とし穴

本を素早く読むために、最初に必要なことが1つあります。それは、**「本はすべて読まなければならない」という思い込みを捨てる**ことです。多くの人は、本を最初から最後まで読んでいます。本は「最初から最後まで読むのが当たり前だ」ということが固定概念としてあり、習慣化されています。しかし、1冊の本を最初から最後まで読むには、やはり時間がかかります。

なぜ、本を全部読まなくていいのか。それは、**本を1冊読まなくても、内容を把握して、理解することが可能**だからです。主要な内容さえ理解してしまえば、あとは読む必要はありません。本を読む目的は、書いてあることを100%、頭にコピーすることではありません。そんなことをしたところで、翌日には大半の内容を忘れてしまいます。

冒頭から最終ページまで、1冊の本に書かれている内容の密度が濃いということは、ほとんどありません。本にも「効果の80%は全体の20%からもたらされる」というパレートの法則の考え方が当てはまります。本当に大切なことは全体の20%程度に書かれています。だから、残りの80%は捨ててしまってもほとんど影響ありません。

1冊の本の中にも、情報の密度の濃い部分と薄い分があり、その密度が濃い部分をしっかりと理解すれば良いのです。逆に言えば、内容が薄い部分に時間をかけて読むことは、時間の無駄ということです。使える時間は皆同じです。使える時間の中で、より費用対効果が高い読書を行うには、「薄い内容に時間をかける」という無駄を避けるべきです。

おいしいとこ取りのつまみ食い読書

1冊の本の中で、内容の濃い部分だけを読んだら、別の本に移る。そして、別の本に移ったら、同様に内容が濃い部分だけを読む。内容の薄い部分は捨てる。こうして、1冊の本でも内容が濃い部分、つまり**おいしいところだけをつまみ食いのように読んでいくことで、効率よく情報を取得していくことができる**のです。結局のところ、本を1冊読み終えたとしても翌日に記憶に残っている部分は、全体の半分もありません。まして、1ヶ月後にもなれば、結論程度のことしか頭に残っていないでしょう。

最初から最後まで読んだところで、記憶に残るのは本当にごくわずかなのです。ならば、**内容が濃い部分だけを読んで、次々に幅広く読書を進める方が、多くの情報に触れることができて効果的**なのです。

忘れるのに本を読むというのは、何か逆説的に聞こえるかもしれませんが、人は物事の多くを忘れる一方で、新規性や意外性のある物事、感情を動かす物事については、記憶に残りやすいという特徴を持っています。忘れるといっても、重要な部分については、記憶に残るものです。

大切なことは、その本を読んで、濃い情報の1つでも頭の中に残すことです。そうして濃い情報を積み上げていき、物事を考える時の思考の軸をつくることです。**本を一冊、丸々暗記することが読書の目的ではない**。このことを、まず、はじめに理解しておけば、時間の無駄を省くことができるはずです。

神・読書スキル5

↓全部読むという意識を捨てる。大事なところを探すことに集中する。

速読術は本当にマスターできるのか？

なぜ、速読は一般に普及していないのか

「本を速く読めるようにしたい」というのは、忙しいビジネスパーソンにとって、大きなニーズです。そのために、世の中には「速読術」というものがあり、多くの本も出版されています。

たとえば、代表的な速読術の方法には「フォトリーディング」という方法がありま

す。本に書いてある内容をまるで写真を撮るように頭の中に写し取るという技です。まず本を読む目的を決めて集中する。そして、絵や写真を眺めるようにページ全体に焦点を合わせて、数秒でページをめくっていく。潜在意識に情報を送り込んでいくのです。

私自身、何冊か書籍を購入して、試してみたことがありますが、挫折しました。きちんと練習すれば、可能なのかもしれません。しかし、どうしても「潜在意識に情報を送り込む」というコンセプトになじめずに、使いこなせませんでした。

潜在意識に情報を送り込んで、それをどのようにして顕在意識として取り出すのかは、今もって理解できていません。世の中にはフォトリーディングのような方法が合っている人がいるのかもしれません。しかし、誰でも使える方法ではないのではないかと思っています。誰でも使えるのなら、一般的に普及しているはずです。

他にも「眼球を素早く動かして、文字を流れるように読んでいく」というような速読術もあります。物理的に文字を追うスピードを上げて、速く読むというものです。文字さえ視野に入れておけば、潜在意識に情報が送り込まれるそうです。考え方は、フォトリーディングに似ているようです。この方法も実際に試してみましたが、挫折しました。そもそも、目を素早く動かすことを意識することに疲れます。本の内容に集中する以前に気が散ります。これも慣れなのかもしれませんが、眼球の体操のようで、使いこなせませんでした。結局のところ、誰でもできる都合の良い速読術というのは存在しないのではないでしょうか。というわけで、もっと手軽に速く、本を読める方法はないだろうか。そんなことをずっと考えていました。

「速読」いらずの速読技術

私が運営する『bookvinegar』というビジネス書の要約サイトでは、これまでほぼ毎日、コンテンツをアップしてきました。だから、ほとんど毎日1冊の本を読む必要がありました。

1日8時間働きながら、毎日本を1冊読むには、かなり短時間で本1冊を読む必要があります。睡眠時間を削るにも、食事の時間を削るにも限界があります。継続して行うには無理のない形で習慣化しなければなりません。結果として、本を読むスピードを速くするしかない。そうして何十冊、何百冊と本を読み、少しずつ読むスピードを速くすることを意識していました。

するといつの間にか、かなりの短時間で本を読むことができるようになっていました。今では200ページほどの本であれば、おおよそ1時間〜2時間程度で読み終わることができます。そうして、自然と身についていたのが「エッセンス・リーディング」の技術です。とにかく本を読み続けていると、読むスピードが上がるのは確かなようです。

神・読書スキル 6

➡速く読むよりも、無理なく読めることを優先する。読書を自然に続けられる技を身につける。

10倍速で読んで、要点を記憶に残すエッセンス・リーディング

フォトリーディングができなくても、「エッセンス・リーディング」を使えば、速く本を読むことができます。エッセンス・リーディングと聞くと、いかにも手を抜いているような印象があるかもしれません。それで「本当に本を読んだと言えるのか？」、「きちんと本の内容を理解できるのか？」、と思われるかもしれません。

問題ありません。「エッセンス・リーディング」で十分に本の内容は理解できます。

人間の脳には、読み飛ばした文章と文章の間の内容を推測して、全体を理解する力があります。ポイントとなる部分さえ抑えていれば、全体の意味を理解できるのです。

しかも、そのポイントとなる部分も、数多くの本を読んでいる内に、だんだんとわかってきます。「ああ、これはどこかで読んだ内容と同じだ」「この展開は、以前に読んだ本ではこうだったので、おそらくこうなる」といったように、過去の読書の履歴から、推測が働くようになるのです。それだけ、脳の適応力は優れています。

さらに、繰り返しになりますが、**一冊の本の中で本当に大切なことは全体の20％程度に書かれています**。その**大切な20％を的確に抑えることができれば、単純に読書にかかる時間を20％にすることができます**。エッセンス・リーディングによって、重要な部分を拾うことさえできれば、読書時間を圧倒的に減らすことができます。

では、どのようにエッセンス・リーディングをしていけばいいのか。エッセンス・リーディングは、８つの技術を使います。

①目次で本に何が書いてあるのかを把握する
②「はじめに」と「第1章」は理解できるスピードで読む
③タイトルに関係する箇所を重点的に読む

④太字は必ず読む
⑤事例は流し読みする
⑥章ごとの「まとめ」を確認する
⑦重要と思った箇所をマークする
⑧「おわりに」をチェックする

最初はゆっくりで構いません。慣れてくるまでは、それほど速く読めないかもしれませんが、それでいいのです。数多く読んでいるうちに慣れてきます。毎回、8つの技術を意識して、少しずつ速く読もうとしていれば、気がつけば読むスピードは上がっていきます。ポイントは、**本を全部読もうとしないこと。重要な点を見つけようと意識して読むこと。自分の意識を「本の結論を見つける」ことに絞り込むこと**がコツです。

神・読書スキル7

↓8つの技術を活用して、効率的に結論を探す。

図3 「エッセンス・リーディング」に必要な8つの技術

①目次で本に何が書いてあるのかを把握する
②「はじめに」と「第1章」は
理解できるスピードで読む
③タイトルに関係する箇所を重点的に読む
④太字は必ず読む
⑤事例は流し読みする
⑥章ごとの「まとめ」を確認する
⑦重要と思った箇所をマークする
⑧「おわりに」をチェックする

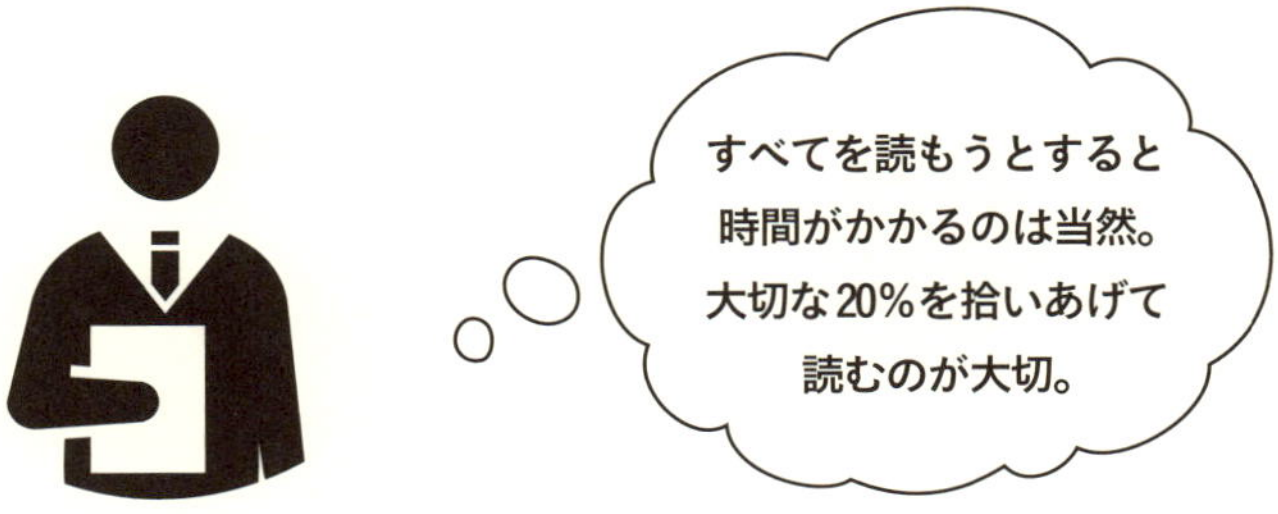
すべてを読もうとすると
時間がかかるのは当然。
大切な20%を拾いあげて
読むのが大切。

技術①ガイドライン読書法
目次で本の構成をザッと把握できる4つの型

目次は、本の内容を知るためのガイドです。「何が書かれているのか」「著者はどういうことを伝えたいのか」「どういう論点があるのか」「どういう構成で書かれているのか」など、目次を見れば本の全体像がわかります。

目次のタイトルは、その章ごとに書いている内容を一文で明確に表すために、考えられています。だからこそ、目次の並びを見るだけで、話の流れが見えるのです。数多くの本を読んでいくと、目次を読むだけで、大体の本の内容まで理解できるようになります。

目次を見ると、本の構成がわかります。その構成にもいくつかのパターンがあることがわかります。

①「総論→各論」型

著者がその本で一番伝えたい内容が最初にまとめられているパターンです。つまり前半に総論が書かれており、本の全体の結論にあたる内容が書かれています。前半部分で、全体を通じて伝えたいテーマについての説明があり、後半には各論が書かれています。総論から派生した各論が深掘りされていきます。各論では、実例をもとに実践編といった形で、総論で書かれた内容が具体的に掘り下げられていきます。

このパターンで書かれているビジネス書は非常に多いのですが、この場合、前半の総論部分だけを読むことで、本の内容を把握することができます。興味があれば、各論まで読み進めればよいのですが、本の結論を把握すればよいという場合、各論は流し読み程度で構いません。

②「総論→事例」型

前半に本のコンセプトとなるべき結論があり、後半はその結論の事例集になっているパターンです。この場合も、「総論→各論」型と同じように総論の部分だけを読めば、全体の内容を把握できます。

事例を読めば、抽象的な総論もわかりやすく理解することができます。必要に応じて、興味がある事例をつまみ食いするように読めばよいでしょう。

たくさんの本を読んでいると、同じ事例を目にすることが増えていきます。有名な事例ほど、多くの本で引用されているため、読書量が増えれば増えるほど、事例も読まずして内容を把握することができるようになります。

③分散型

小さなテーマの集まりで全体が構成されているパターンです。たとえば、「プレゼンテーション50のテクニック」といったように、複数個のテーマが、それぞれ独立して書かれているものです。この場合、本の内容をすべて把握するには、最初から最後まで、すべて読む必要があります。

しかし、異なるテーマの内容を数十個も記憶するのは現実的ではありません。一回読んだだけで、50個ものテクニックをすべて暗記するのは、ほぼ不可能です。

この場合は、割り切って「書かれている内容の1つでも役に立つことを身につけることができればＯＫ」くらいの気持ちで読んだ方が良いです。頑張って暗記したところで、実際にたくさんのテクニックを使いこなせるようにはなりません。

だから、目次のタイトルを見て、気になる部分を重点的に読み、興味が湧かない部分は流し読みします。読む時に濃淡をつけるとよいでしょう。

余談ですが、分散型の本は、実は書く側にとってはラクです。1つのテーマから、ロジックツリーのように内容を因数分解して、論理的に各論を展開しなくても、思いついたテーマをとにかく書いていって、最後に一まとめにすれば良いからです。テーマごとの関係性をいちいち考える必要もありません。内容ごとにグルーピングしてしまえば、それで一冊の本になります。

こうした手法をとっていると、時々、内容が似通ったものが複数登場したりする場合があります。本を読む上で必要ありませんが、著者の力量を測る上でのチェックポイントです。

④ストーリー型

最初から最後まで1つの物語になっているパターンです。たとえば、『スティーブ・ジョブズ』(講談社)や『SHOEDOG』(東洋経済新報社)などの自伝、人物に関する物語がこれに該当します。この場合も、最初から最後まで読む必要があります。こうしたストーリーになっているものは、どの部分で気づきがあるか、読まなければわかりません。目次だけでは、内容が推測できないのです。

そのため、ストーリー型を読むのは時間がかかります。しかも、ストーリーとして取り上げられる経営者などは、波乱万丈の人生を送っている場合が多く、内容も長い場合が多くあります。とにかく本が分厚い傾向があります。ストーリー型は、割り切って楽しんで読むしかありません。読みやすさという点では、他の学術系の本に比べれば圧倒的にラクです。

本の構成を把握できれば、どの部分を重点的に読めば良いのかがわかります。そして、興味のある場所もわかります。

本を読み始める前に、こうして目次を見る作業をすることで、構成がわかり、全体像を把握することができるため、本を読み進めやすくなります。

神・読書スキル 8

↓読み始める前に、目次から本の構成を把握する。

図4　ビジネス書4つの構成パターン

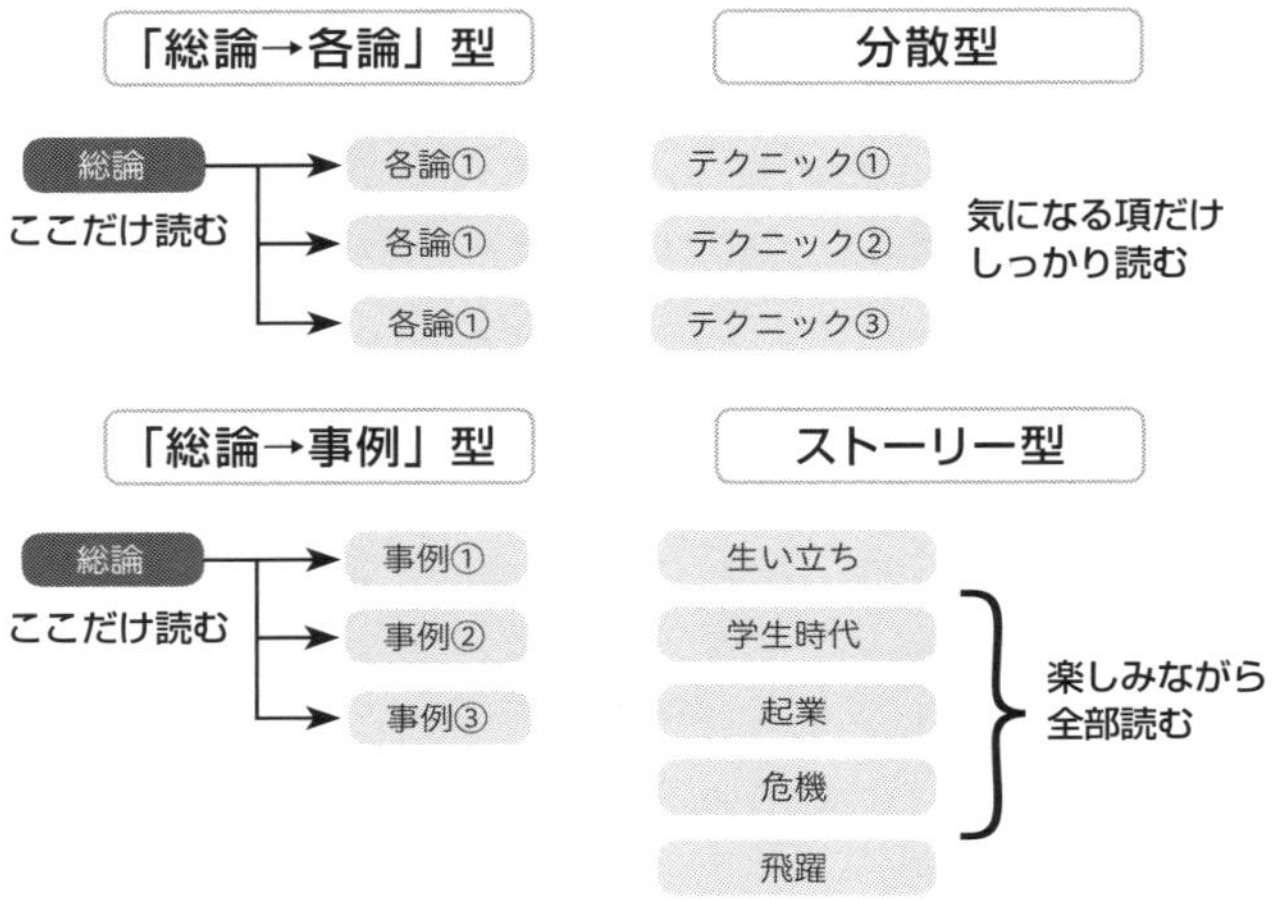

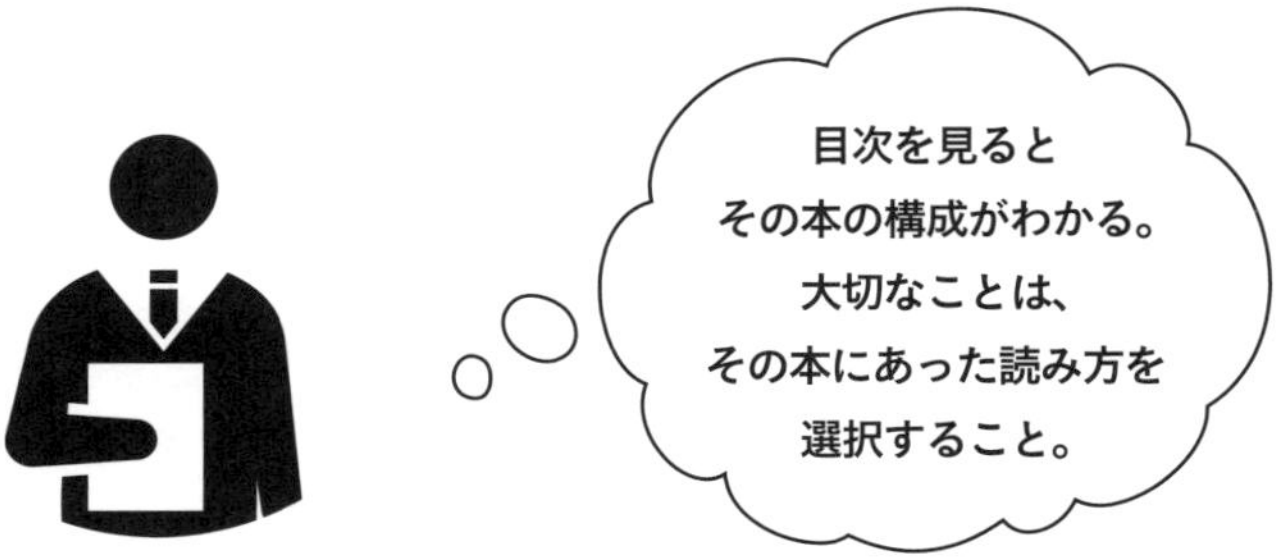

技術②結論ファースト読書法

「はじめに」と「第1章」は理解できるスピードで読む

本のエッセンスはどこにある？

最近の本は、「はじめに」と「第1章」に、**一番おいしいところが書かれている場合がほとんど**です。なぜなら、多くの人は最初がつまらないと、最後まで読んでくれないからです。

もしかすると、最初だけでも読んでくれるだけマシかもしれません。書店で本を手にとって、最初の部分をざっと眺めて、つまらなければ、本を買ってもらえません。

だから、著者は、本の最初の部分「はじめに」と「第1章」に、その本の中でもっとも面白い部分を全力で書く必要があるのです。

こうした、最初においしい部分を持ってくるというのは、音楽アルバムも同じです。多くのアルバムには、1曲目にCMやドラマなどで採用されてよく知られた、売れているシングル曲が収録されています。そのアーティストが一番自信のある、おいしい曲を最初に持ってくるのです。

昔は、音楽アルバムも、コース料理のように前菜から始まり、メインとなる曲は中盤から終盤にといった構成をされていたこともありました。しかし、音楽がインターネットで配信されるようになり、音楽アルバムも収録曲がバラバラに売られるようになったことで、順番のルールも変わりました。

また、現代人の多くは忙しく、メイン料理まで待ってくれない。いいモノを最初に、「結論ファースト」で構成しなければ、商品を手にとってもらえないのです。

重要なことの8割が書かれている部分

「はじめに」と「第1章」、ここに重要なことの8割が書かれています。目次の構成で言うところの「総論＝結論」にあたる部分です。だからこそ、最初の部分はじっくり理解できるように読みましょう。結論さえ抑えておけば、後の章は読み飛ばしても、内容の理解を外すことはありません。

最初に重要なことが書かれている傾向は、前述した「分散型」の構成についても当てはまります。数十個のテーマがある場合でも、やはり、その中で、おいしい部分はあるものです。

そして、おいしい部分は最初の方に固まっています。書き手も最初はアイデアが豊富で、良いネタを書くことができても、後半にいくほどにアイデアも底をつき、バテてくるもの。新鮮で優れたアイデアは前半に詰まっています。最初の部分を集中して読みましょう。

「はじめに」と「第1章」を重点的に読むというのには、例外が1つだけあります。「ストーリー型」です。

ストーリーになっている場合には、内容の濃淡が、本の構成のどこにあるかは、読まない限りわかりません。たとえば、人物の伝記の場合、第1章には生い立ちや物語の始まりについて書かれていることが多く、物語のハイライトではない場合がほとんどです。

「はじめに」と「第1章」を読むのと合わせて、ここでチェックしておきたいのが、「著者のプロフィール」です。「はじめに」と「第1章」を読むと、本の内容がおおよそ理解できます。そこで、著者のプロフィールを確認し、経歴を確認すると、その内容を書いた背景を知ることができます。

著者は何の専門家なのか。本を書くほとんどの人は、何らかの専門性を持っています。その著者だからこそ、伝えられる内容があるのです。だから、「はじめに」と「第1章」の内容と「著者のプロフィール」を照らし合わせれば、そこに書かれていることが、どの程度の信用力があるのかがわかります。

そもそも本に書かれていることが間違っていれば、それこそ読む時間の無駄です。だから、内容の信用調査として、「著者のプロフィール」の確からしさを確認しておくのです。あまりにも著者の経歴が胡散《うさん》くさい場合には、そもそも本に書かれている内容自体を疑う必要があるかもしれません。

もっとも、そういう胡散くさい本を選ばないことが大切です。選書の方法については、第4章で解説します。

神・読書スキル 9

↓高確率で、最初と第1章で結論を把握できる。最初の部分をまず重点的に理解する。

技術③相似《そうじ》タイトル読書法

タイトルに対応する箇所はコース料理のメインディッシュ

本のタイトルは、その本の中で著者がもっとも伝えたいこと、一番おいしいところを表しています。本のタイトルは、その本の特徴を表しています。つまり、**本のタイトルに対応する箇所を読めば、一番おいしい内容を効率的に理解することができます。**

たとえば、『GIVE & TAKE「与える人」こそ成功する時代』（三笠書房）という本の場合、目次を見ると『PART1　あなたは、まだ「ギブ&テイク」で人生を決めているのか　いま「与える人」こそ、幸せな成功者となる』とあり、実際のパートに本書の重要な結論が書いてあります。

目次を見て、タイトルや副題に対応する章をまず見つける。そして、タイトルに対応する箇所を重点的に読めばいいのです。ここは、流し読みではなく、きちんと内容を理解できるように読みましょう。タイトルに対応して、著者がその本で何を伝えたかったのか。本の要点をしっかりと理解できれば、残りの部分は流し読みで構いません。

タイトルに対応する章が本のメインディッシュなら、他の章はメインディッシュに関係する前菜や副菜のようなものです。基本的に一冊の本は、コース料理のように、前菜、メイン、デザートといった濃淡があります。

数学に「相似」という考え方があります。大きさは違っても、同じ形をしたものを指す言葉です。ビジネス書のメインディッシュにいち早くたどり着くには、タイトルと相似した箇所を探すことが大切なのです。

前菜、デザート、それぞれに意味はありますが、中には内容が薄いおまけのような部分も多く含まれています。すべての章がメインディッシュということはありえません。受け取る側も重すぎて受け止められなくなりますし、内容を覚えきれません。

また、すべての章が重い内容だと、その重い内容同士の比較によっても濃淡が出て、メインディッシュの部分が浮かび上がってきます。とにかくメインディッシュの部分をしっかりと読む。それだけで十分です。

神・読書スキル 10

↓タイトルと副題から、重要な箇所を見抜く。

技術④ハイライト読書法

「太字」と「図表」は先に読んでから本文を読む

最近の本は、親切になりました。大抵のビジネス書では、重要な部分が「太字」でハイライト表示されています。ページをめくった時、**太字があれば、しっかり読む。**その部分をしっかり読めば、その前後の文脈も読み取ることができます。

この太字の部分は、その項目の小見出しと関連性が強くなっています。「小見出し」「太字」、という2つの関係性を意識して読むと、より理解が早まります。

太字の部分と並んで、注意すべきが「図表」です。書かれている内容が図や表で表されていると、文字を読むよりも、簡単に理解できることがあります。

図表というのは、物事を整理して、伝えるには優れたツールです。視覚的に、一瞬で理解してもらえるように、図表を作成する側も考えています。長々と書かれたテキストに時間をかけて読んでいくよりも、優れた図表は一瞬で伝えたい内容を表現することができるのです。

図表が書かれているのを見つけた場合には、**まず先に図表をチェックしてから、文字を読み始めた方が理解のスピードが早まります。**

最近のビジネス書は、わかりやすさを重視しているものが多いので、図表が入っている本が多くあります。図や表などが豊富な本の場合には、先に図を見てから文字を流し読みするだけで、素早く内容を理解できます。

また、太字や図表のように、重要な部分を色分けしたり、四角く囲ったりして、目立つように書かれている部分も、しっかりと読みましょう。

これらの目立つ工夫は、出版社や編集者によって異なってきますが、書き手側が伝えたいことを、とにかく目立つように書いているのであれば、読み手としても、そこはしっかりと意図を汲み取るべきでしょう。

神・読書スキル 11

➡図表ファースト。まずは全体概要を抑えることで、テキストの理解を効率化する。

技術⑤ケース・スキップ読書法

事例は面白さの要因だが、飛ばし読みでも理解できる

多くのビジネス書には、具体的な事例が書かれています。例えがあるとわかりやすく、より理解が深まるからです。事例は抽象的な説明に、より説得力を持たせる効果があります。人の脳は、物語によって認識を深める機能があるからです。そして、何より事例そのものが面白ければ、記憶にも残ります。

特に事例の数は、海外の翻訳書に多い傾向があります。多くの場合、内容の理論的な説明、その後に具体的な事例というセットが繰り返される構成になっています。

この事例の良し悪しが、その本の面白さを決める要因にもなっています。売れる本には、必ず面白い事例が載っています。特に事例の扱い方がうまいのは海外の翻訳書だと書きましたが、日本だとベストセラーとなった『ストーリーとしての競争戦略』（東洋経済新報社）などは、事例が秀逸です。特に大学の先生など研究職にある方で、文章にも優れた方には、面白いビジネス書を書くセンスが備わっているように思います。

さて、ここまで、事例の素晴らしさについて書いてきましたが、この本の目的は、本を速く読めるようにすることです。ビジネス書の良し悪しを判断する技術を身に付けることではありません。

だから、事例は流し読みしましょう。

事例を読まなくても本の内容は、理解することができます。具体例というのは、あくまで内容をわかりやすくするために用いられているにすぎません。もちろん、優れた事例には、多くの示唆が含まれている場合もあります。その事例の文脈の中で、内容の理解を深めることができる場合もあります。しかし、あくまで事例は内容の補足にすぎません。

一度、事例を全部読み飛ばしてみて、その本の内容を理解できるかどうかを試してみてください。おそらく、何の問題もなく、内容を理解できているはずです。

ただし、あくまで「本を楽しみたい」という人には、事例を読み飛ばすことはおすすめしません。

冒頭でも書いたように、今は1日220冊のペースで新しい本が出版される時代です。内容自体の差別化が難しい時代なのです。だからこそ、著者もオリジナルの面白い事例を使って、納得感を持たせることを大切にしています。

何よりも、事例を抜きに内容の理論的な説明だけを読むことに終始すると、まるで教科書を読んでいるようで、退屈に感じるということもあります。

事例は読み飛ばしても構わないけれど、読み流しながら、面白そうな事例だと思えば、じっくりと読んでみてもよいでしょう。

神・読書スキル 12

↓事例は手短に読む。

技術⑥サマリーキャッチ読書法
質のバラツキに考慮しつつ章ごとの「まとめ」を確認する

章の最後の1ページに、その章の「まとめ」が親切に書かれている本が増えてきました。現在のビジネス書はとにかくわかりやすさ重視です。

極論を言えば、この章ごとの「まとめ」を読むだけで、本を1冊読まなくても、内容を理解できる場合もあります。それほど、「まとめ」の力は偉大です。

「まとめ」の内容も、しっかりと要約されているものから、単なる箇条書きのものまで、質にはバラツキがあります。そのため、「まとめ」だけを読めばOKと一概には言えませんが、**必ず「まとめ」を読んで、その章を振り返ることはしましょう。**

もちろん、章のまとめがない本もありますので、この技は使えない場合もあります。

神・読書スキル13

↓まとめを素早く確認して、先に結論を手に入れる。

技術⑦ポストイット読書法
五感を利用して脳に記憶を焼きつける

重要だと思った箇所にマーカーを引く、あるいは付箋を貼る。何でも構いません。本を汚したくない場合には、付箋を貼ることをおすすめします。

マーカーを引いた箇所、付箋を貼った箇所を後から見直す必要もありません。あくまで自分が重要だと思った箇所に何らかのアクションを起こすことが大切です。

単純に文字を目で追う読書よりも、手を動かすアクションを入れた方が記憶に定着します。視覚の情報だけでインプットしようとするよりも、たとえば声に出して聴覚も使ってみる、手でなぞりながら触覚も使ってみるといったように、複数の感覚を利用した方が、脳に記憶として残りやすいのです。

通勤電車では音読するという訳にもいかないでしょうから、手を動かしてみる。そのためのマーカーであり付箋です。この方法には、眠くなりにくいという効果もあります。どうしても、目だけで文字を追っていると、単調になりがちです。とにかく、目以外のアクションも取り入れてみましょう。

マーカーを引く箇所、付箋を貼る箇所を選ぶのに悩む必要はありません。自分が気になる箇所に、どんどんマーカーを引く、付箋を貼る。それでいいのです。

電車書籍であれば、ハイライト機能があるので、見返すにも便利です。あとでパラパラと見返すだけでも、理解は深まります。何よりも、読んだ後の「達成感」が得られます。

神・読書スキル 14

↓視覚だけに頼らない。空いている感覚も使って、記憶する。

技術⑧口直し読書法
「おわりに」の著者の想いはさらりとチェックする

「本の最初と最後を先に読め」というテクニックはよく聞くものです。実を言うと、「おわりに」を読む必要はあまりないと思っています。「おわりに」には、結論が書かれているのかと思えば、そうでもない場合が圧倒的に多いのです。

最初に結論ファーストで書かれている場合、あえて「おわりに」で同じことを繰り返す必要もありません。また、結局、最初に読んだことが繰り返されるだけです。

本の構成にもよりますが、**最後まで読んでようやく結論が導き出されるといった、ビジネス書はほとんどない**と言っていいでしょう。その理由は、すでに書いた通り、ハイライト（＝結論）を最初に持ってこなければ、読者に本を手にとってもらえないからです。

映画のように最後の最後までネタが明かされないといった展開は、ビジネス書においては必要ありません。ストーリーや謎解きを楽しむといったエンターテイメントではないからです。実際、ビジネス書の「おわりに」には、著者の想いのようなものが書かれている場合が多いです。読まなくても、本の内容は理解できます。

とはいえ、「おわりに」を読むのにそれほど時間がかかるわけではありません。せいぜい2、3ページのボリュームです。著者の想いを読めば、本全体で何を伝えたかったかを感じられるかもしれません。だから、あくまで口直し程度のものだと認識したうえで、「おわりに」を先にチェックしましょう。

神・読書スキル15

↓「おわりに」に重要なことが書かれている可能性は限りなく低い。情報の取捨選択で、全体の最適化を目指す。

なぜ、本は読めば読むほど読書スピードが上がっていくのか

エッセンス・リーディングの技術を使うと、これまで以上に本を速く読めるようになります。これまでの読書と違って、とにかく無駄のない読書になるはずです。ここで、少し不安になるかもしれません。本当にエッセンス・リーディングをして、理解できているだろうかと。速く読めても、頭の中に何も残らなければ意味がないのではないかと。

心配ありません。一冊読んでみて、その本のタイトルの意味や、要点がわかれば、それで十分です。繰り返しになりますが、**本の文字をすべて読むことに意味があるわ**

けではありません。内容の要点さえ理解できればよいのです。本を100冊読んだとして、それら100冊の詳細まですべて覚えるのは不可能です。100冊の要点と、読んでいく中で、いくつかでも新しい気づきを得られれば良いのです。

読書量と読書スピードは比例する

エッセンス・リーディングの技術を使い始めても、慣れるまで最初はある程度時間がかかります。最初は、きちんと内容を読み取れるか、少し不安もあるかもしれません。そういう場合は、少し読むスピードをゆっくりにします。最初は、エッセンス・リーディングといっても、遅くて構いません。慣れていけば、どんどん読むスピードは上がっていきます。

本は読めば読むほど、読むスピードが上がっていきます。なぜなら、読書の量が増えるほど、知識の量も増えるからです。何冊か同じジャンルの本を読んでいると、必ず同じような内容に当たります。

「この内容はどこかで読んだ気がする」「これと同じことが、前に読んだ○○にも書かれていた」「この事例は前にも見たことがあるな」といったことが増えていきます。

そうなってくると、本を読んでいる最中に、ある程度、その本の結論を推測できるようになってきます。

実際に多くの本は同じようなことを書いています。数百冊読んでいくと、同じことを言っている本に何冊も出会います。書籍化されているノウハウというのは、普遍的なものが多く、結局のところ似たような内容になりがちです。

知識量が増えるほどに、理解するのも容易になってくる。エッセンス・リーディングをして、読書の量を増やせば増やすほど、その効果は上がっていくのです。読書家ほど、こうした本の読み方をしています。とにかく、**1冊の本を速く読んで量をこなす。すると、知識の量が増えて、結果的に理解も早まる**ようになるのです。

神・読書スキル16

➡読む量を増やし、共通項を見出すことで、読書のスピードを高める。

なじみのないジャンルを読むのは時間がかかる

本を読めば読むほど、知識の量が増えて、新しい本を読む時に内容を推測できるようになり、本を読むスピードが上がります。ただし、新しく読む本がこれまでに読んだことのないジャンルであったり、なじみのないジャンルの場合には、やはり時間ががかかります。前提となる知識がないジャンルほど、推測が働かずに読書は時間がかかります。

ジャンルによっては、前提となる単語すら初めて見るということがあります。まずは言葉の意味から理解する必要がある場合、当然、その理解のために、文字を読む必要があります。理解するために時間もかかります。もしこれが、以前に読んだ本で単語の意味を知っていたとすると、当然、理解までの時間がかかりません。だから、本は読めば読むほど、速く読めるようになるのです。

たとえば、これまで人事の本をたくさん読んできた人が、会計の本を読んでも、最初はなかなか理解できない部分が多いはずです。貸借対照表やキャッシュフロー、勘定科目など、経理の仕事をしていなければ、あまり聞くことのない言葉をまずは理解するところから始める必要があります。

これまで、マーケティングの本ばかり読んできた人が、経済の本を読んでも、理解するまでに時間がかかるでしょう。前提となる言葉からまずは理解する必要があり、扱う内容も全く異なるからです。

なじみのないジャンルの本を読む場合に時間がかかることは仕方がありません。しかし、ここで諦めずに、少しずつ読書の量を増やしていきましょう。いつまでも、読むのに時間がかかるという理由で、なじみのないジャンルの本を読まず、**いつも同じような本ばかり読んでいても、読書の効果は上がりません**。似たような本を読んで、同じような知識ばかりを覚えても、伸びしろは多くありません。

むしろ、読むのに時間がかかりそうな本に出会った時こそ、新しい知識を吸収できるチャンスと捉え、積極的に本を読むべきです。そうして、知らないジャンルが減っていくごとに、着実に知識の量が増え、読書の効果も上がっていきます。読書のスピードも上がっていきます。

点と点のつながりが線となる

幅広いジャンルの本を読み、たくさんの前提知識を得ることで、エッセンス・リーディングの効果は上がってきます。また、**自分の知っているジャンルが増えるほど、各ジャンルのつながりも理解できるようになり、理解は深まります。**

たとえば、マーケティングと心理学は、密接に関連しています。多くのマーケティングの手法は、心理学をもとに研究されています。また、心理学は経済にも密接に関連しています。心理学を経済に応用した学問が行動経済学という分野です。経済もまた、人間の心理によって、大きく影響される分野なのです。だから、心理学の知識を知っていれば、マーケティングや経済の理解が深まるのです。

マーケティングは、経営戦略とも関連しています。「３Ｃ」や「４Ｐ」などのフレームワークは、マーケティングの基本ですが、どのような経営戦略を取るかという部分に密接に関連しています。

心理学は、組織のマネジメントやモチベーションコントロールにも関連しています。現在では、人が何によってモチベーションを高めるのか、どのような時にパフォーマンスを発揮するのかなどの心理学の知識がなければ、マネジメントできない時代です。

つまり、１つのジャンルは、他のジャンルと繋がっており、それらの知識を幅広く吸収することで、効率的に全体の理解を深めることができるのです。

神・読書スキル17

↓自分の知らない知識を得られる本こそ積極的に読んでみる。

「この本、ハズレ」と思ったら絶対やるべきこととは？

読書の効率を上げるためには、本を読むモチベーションを保つことも大切です。本を読む習慣ができるまで、モチベーションを保つことが1番の課題かもしれません。

本を読むモチベーションを下げないコツは、つまらないと思った本は読むのをやめることです。当然ながら、読んでいて面白くない本はたくさんあります。「さあ、読書を始めよう」と思って、手にとった本が面白くなければ、最初の意気込みもあっけなく消え、テンションが下がってしまいます。

読書のテンションを下げないためには、読む本が面白い必要があるのです。

とは言え、毎回面白い本を手にとることができるかは、ある程度運頼みになってしまいます。選書の方法については、後述しますが、当たり外れを完璧になくすことはできません。だから、つまらないと思ったら読むのをやめるのです。

せっかく買った本なので、最後まで読みたいという気持ちはあるでしょう。しかし、そこで無理をして、読書を継続させるモチベーションを失っては意味がありません。

飽きない工夫をする

それでも、どうしても1冊の本を読み終えたいという人には、複数の本を同時並行で読むという方法がオススメです。同じ本をずっと読み続けると飽きることもあると思います。そこで、飽きたら別の本を読み始めるのです。

常に数冊の本が目に入るように置いておき、気分によって、本を選んで読み進める。途中で、つまらないと思ったり、飽きてきたら別の本を読む。

数日前にはつまらないと思っていた本も、後日読んでみると、意外に新しい発見があって、面白いと思うこともあります。

大切なことは、本を読むモチベーションを維持することです。読書は習慣化してしまえば、継続するものです。物事が習慣化されるまでには、最低1ヶ月は継続することが必要だと言われています。これは、ダイエットなども同じです。意志の力を使わずに、物事を処理できるようになるには、習慣化してしまえばいいのです。

読書に慣れていない人は、最初は毎日継続して本を読むこと自体が、大変だと思います。しかし、そこは我慢して、あれこれと読書のモチベーションを保つ工夫をしながら、一ヶ月をまず続けてみることです。1ヶ月続けば、その次の1ヶ月を継続することが圧倒的に楽になります。

そのための工夫の1つが、複数の本を同時並行で読む。つまらないと思ったら、別の本を読むということなのです。

神・読書スキル 18

↓同時並行で複数の本を読むなど、飽きない工夫をする。ハズレだと思った本は読むのをやめる。

第3章

【レベル別】4段階ステップ読書法

読書効果を驚異的に高める4つの「レベル別」読書法

本を読む人は、いつもどのような本を読んでいるのでしょうか。本を読むといっても、そのレベルは様々です。本は、一般的な読者を対象とした入門書から、特定の分野の読者を対象とした専門書まで、幅広く存在します。

これまでほとんど本を読んでいない人が、いきなり専門書を手にとっても、面白いと思う以前に、まず内容を理解できない可能性があります。そうすると、読んでいても意味がわからず、ますます本を読む気持ちが失せていきます。専門書でなくとも、内容が難しい本もたくさんあります。

実は、本を読まない人の多くが、「そもそも何を読めばいいのかわからない」という悩みを持っています。頭では、本を読んだ方がいいと思っていても、最初のスタートの方法がわからない。本屋に行って、本を眺めてみても、多くの本が並びすぎていて選べない。選んだとして、それが良い本なのかもわからない。だから買うのをためらってしまい、最初の1冊が決まらない。これが一般的なスタート時点の状態です。

また、ある程度、本を読む習慣のある人でも、タイトルで本を選んだり、売れている本などは読んでいたりするけれど、すごく役に立っているかと聞かれるとわからない。時々は役に立つように思う、時々面白いと思う本がある。読書なんて、こういうものだと感じている人が大半です。

読書を効果的なものにするため、自分流の読書の方法を確立している人は、ごくわずかだと言えます。

読書を効果的なものにするため、読書を継続させるためには、自分のレベルにあった読書から始める必要があります。普段から本を読まない人がいきなり、難しい本を読み始めても、読書の効果は得られません。普段から読書をしている人でも、自分のレベルを再度確認し、読書から何を得たいのか、目的を確認すべきです。

まずは自分の読書レベルを確認し、自分がどのような本から読み始めるべきかを確認しましょう。その上で、どのように読書を継続して、レベルアップしていくかという方針を立てましょう。

神・読書スキル19

↓自分のレベルにあった読書から始めて、継続することを重視する。

ステップ①初級編
読書の目的を考え、わからなかったら終了もアリ

本を読んでいる人のレベルを4段階にわけてみます。そもそも本を読んでいる人は、世の中で10人中1人ぐらいです。周囲に普段から本を読んでいるかどうか聞いてみて下さい。かなりの少数派です。電車の中で本を読んでいる人はほとんど見られなくなりました。みんなスマホを見ています。もしかすると電子書籍かもしれませんが。

つまり、次に分類するところの「初級」の人が世の中の9割にあたります。初級から「中級」レベルに達するだけで、あなたは世の中の10％に入ることができます。

【状況】

本をまったく読まない。あるいは、年に1～2冊程度の本を読む。
1冊の本を読み終えるのに中断を繰り返し、1ヶ月はかかる。
情報はインターネットで十分だと感じている。

【課題】

そもそも何を読めばいいのかわからない。
本を読む意味がよくわからない。

【対策】

まずはとにかく売れていて、話題になっている本を買う。
それを読んでみて、本が面白いと思う体験をする。
本が面白いという感覚がなければ、モチベーションは続かない。

読書のやっかいなところは、能動的に本を読まなければならない点です。テレビの場合、番組がつまらなくても、受動的に見続けることができます。しかし、読書の場合、本を開くだけでは、情報が入ってこない。文字を読み、理解するには頭を使わなければならない。当然、疲れます。読み始めた本がつまらないと思ったら、再度とにかく売れていて、話題になっている本を買う。その際、分厚い本は避けること。すぐに読み終えるぐらいのライトなものから始める方が、ラクです。

何冊か話題の本を買ってみて、それでもつまらないと感じるのであれば、読書のそもそもの目的を考え直しましょう。なぜ、本を読もうと思ったのか、単純に本を読むことができるようになればいいと思ったのか。考えた末に、本を読む意味がわからないという結論に達したのなら、無理に読書をする必要はありません。

神・読書スキル 20

➡本が面白いという体験を得ることから始める。

ステップ②中級編
自分の仕事に関わる本を最低月1で読む

【ステップ②中級編】

【状況】

月に1~2冊程度の本を読む。
1冊の本を1~2週間ぐらいで読み終える。
情報はインターネットで十分だと感じている。
読書をすることが何となく良さそうだと思っているが、それほど熱心ではない。
本は買うものの、「積ん読」状態になっており読書が進まない。

【課題】

本を読んではいるが、それほど役に立っている実感がない。
同じようなジャンルの本ばかり読んでいる。
難しそうな本は読めない。
分厚い本は苦手。

【対策】

週1冊必ず本を読むように習慣化する。
まず本を週1冊以上、無理やり購入してみる。
書店に週1回は必ず立ち寄るか、アマゾンで週1回は、必ず購入ボタンを押す。

読む以前に購入するのは簡単です。まずは気になる本を買ってみる。常に本が視界に入るようにしましょう。そうすることで、本を読まなければならないという意識付けができます。

そして、本を選ぶ際には、自分の仕事に活かせる分野の本を月に必ず1冊は取り入れましょう。

たとえば、現在、人事の仕事をしているならば、「働き方」や「マネジメント」などに関わる本。財務や経理の仕事をしているならば、「ファイナンス」や「経済」の本。営業の仕事をしているならば「営業術」や「行動経済学」「心理学」の本。マーケティングの仕事をしているならば「マーケティング」の本。あるいは、部下やアルバイトのスタッフ、新卒の育成に関わる仕事をしているならば「マネジメント」や「リーダーシップ」の本。

月に1冊は、自分の仕事に関わる本を選ぶ。そうすることで、選ぶ本の偏りを減らすことができます。また、内容自体が、自分の仕事に直接関連するので、読みやすく、モチベーションも高まります。

「積ん読」の回避法

とはいえ、ここで問題となるのが、いわゆる「積ん読」と呼ばれる状態。読書の習慣ができていない内に、強制的に本を買っていっても、読まないまま山積みにしては意味がありません。

「積ん読」を解消するために、おすすめなのが、色々なジャンルの本を読んでみることです。毎日、牛丼ばかり食べていたら、飽きるように、同じような本ばかり読んでいると飽きてきます。そうすると、だんだんとモチベーションが下がってきます。

だから、様々なジャンルの本を購入して、読んでみるのです。これまで興味がないと思っていたジャンルの本を読み始めると、自分の知らないことが多く書かれており、新鮮に感じることが多いはずです。面白い本というのは、自分が関係ない、興味がないと思っているジャンルであっても、面白いという点については変わりありません。

意外と読んだら、面白かったということはよく起こり得ます。

ここでの鉄則は、つまらないと思ったら読むのをやめること。モチベーションを下げないために、次の本へと移ります。また、本を1冊全部読もうとしないこと。エッセンス・リーディングこそが、ここで威力を発揮します。エッセンス・リーディングで1冊読み終えても、熟読して1冊を読み終えても、1週間もすれば大差はありません。そうこうやりくりして、自分の選書の幅を広げて、週1冊は本を読むようにしていると、自然に読書が習慣化されていきます。

神・読書スキル 21

➜本は全部読まなくてもいいということを前提で積ん読を回避する。

ステップ③上級編

「土地勘」のない本を背伸びしてでも読む

【ステップ③上級編】

【状況】

週に1冊は本を読む。

1冊の本を集中して読めば、数時間で読み終えることができる。

必要最低限の読書は足りていると感じている。

【課題】

ほぼ、売れている本、話題の本しか読んでいない。

自分の専門領域の本しか読んでいない。

【対策】

購入する本を増やし、「エッセンス・リーディング」の技術を使って、とにかく幅広い分野の本を読んでみる。興味がない分野の本も手にとって、読み進めてみる。

週に本1冊を読めるようになっていれば、読書に対しての意識はしっかりと持つことができていいます。あとは、効率的に読書量を2倍、3倍に増やして、選ぶ本の分野を少しずつ広げていくことです。そうすることで、視野も広がり、物事を多方面からみて、判断することができる思考の軸ができあがっていきます。新しいアイデアを生み出す創造力も身についていきます。

とはいえ、週1冊であれば、休日に2日かけて読むこともできますが、それ以上の量を読むには、どうしても平日の時間を効率的に使って、読むスピードを高める必要ができます。

「エッセンス・リーディング」の技術は慣れてくれば、通勤時間やスキマ時間を使って、細切れの時間で、どんどん本を読み進めていくことができます。これまで、本は休日に読んでいたという人も、平日の時間を使って、数冊の本を読むことができるようになります。

読書量を増やすにあたっては、選書が重要になってきます。これまで、自分の仕事に関係する分野の本であれば、土地勘のようなものがあり、的確な本を手にとることができていたとしても、なじみのない分野の本を選ぶのは難しいもの。次章の選書の技術を参考にしてみてください。

神・読書スキル 22

↓あえて馴染みのない分野にトライする。

ステップ④プロ級編

エッセンス・リーディングで読書のさらなる効率化を目指す

【ステップ③プロ級編】

【状況】

週に3冊以上は本を読む。
1冊の本を1～3時間程度で読み終えることができる。
幅広いジャンルに興味があり、ある程度読む対象の分野が広い。

【課題】

知らないことが減ってきて、同じような本が多いと感じる。

【対策】

現在の読書の質と量を保ちながら、読書の時間効率を高めていく。

時間の使い方と選書の質を高める。

この2点のために「エッセンス・リーディング」を効率化していく。

基本的には、これ以上何も言うことはありません。残念ながら、同じような本が多いと感じることは、読書量が増えるに応じて、増えていきます。対策は、自分になじみのないジャンルをいかに開拓していくかです。ビジネス書だけでなく、サイエンスや教養、歴史などの本からも様々な知見を得ることができます。

神・読書スキル23

↓意識して、読書スタイルを最適化する。

図5　読書レベル別の課題と対策

	状況	課題	対策
初級	・本をまったく読まない。年に1～2冊程度の本を読む。 ・1冊の本を読み終えるのに中断を繰り返し、1ヶ月はかかる。 ・情報はインターネットで十分だと感じている。	・そもそも何を読めばいいのかわからない。 ・本を読む意味がよくわからない。	・話題作でいいから本を買う。 ・読んでみて、本が面白いと思う体験をする。
中級	・月に1～2冊程度の本を読む。 ・1冊の本を1～2週間ぐらいで読み終える。 ・情報はインターネットで十分だと感じている。	・本を読んではいるが、それほど役に立っている実感がない。 ・同じようなジャンルの本ばかり読んでいる。 ・難しそうな本は読めない。	・週1冊必ず本を読むように習慣化する。 ・まず本を週1冊以上、無理やり購入してみる。 ・書店に週1回は必ず立ち寄るか、Amazonで週1回は、必ず購入ボタンを押す。
上級	・週に1冊は本を読む。 ・1冊の本を集中して読めば、数時間で読み終えることができる。 ・必要最低限の読書は足りていると感じている。	・ほぼ、売れている本、話題の本しか読んでいない。 ・自分の専門領域の本しか読んでいない。	・購入する本を増やし、本書技術を使って、とにかく幅広い分野の本を読んでみる。 ・興味がない分野の本も手にとって、読み進めてみる。
プロ級	・週に3冊以上は本を読む。 ・1冊の本を1～3時間程度で読み終えることができる。 ・幅広いジャンルに興味があり、ある程度読む対象の分野が広い。	・とにかく時間が足りない。 ・知らないことが減ってきて、同じような本が多いと感じる。	・本書技術を効率化していくことで、読書量を増やし、質を高める。

「中級のカベ」を突破できる人が必ず持っている読書ポリシー

読書レベルを上げていく中で、もっとも難しいのが「初級」から「中級」に上がる段階です。本をまったく読まない、あるいは読んでも年に1、2冊という人が、毎月1冊以上の読書をするようになるだけで、大きな進歩です。しかし、そこには大きなハードルがあります。

ゼロからイチをつくるのは、やはり苦労があります。そもそも読書に価値を感じないと、読書は継続しません。しかし、読書を継続しないと、読書の価値を感じることができないという、鶏と卵の問題が生じます。

仮に2、3ヶ月程度、本を買ってみても、それを継続していくのが難しいのです。そして、月に1、2冊の本を買ってみたところで、その本が面白くなければ、モチベーションは下がります。

少ない読書量の中で、面白い本を引き当てるのは難しいでしょう。1日当たり、新しい本が220冊も出版されている中では、当然、買った本がハズレという確率は高くなります。

読書量が少ないと、面白い本に出会う機会も減り、余計にモチベーションを高めにくいのです。だから、この読書量が少ない状態から、読書を習慣化するまでの段階がもっとも大変なのです。

結局のところ、好きでもないことは続きません。本が面白いという経験をしなければ、読書は続きません。だからこそ、まず面白い本に最初の数冊で出会う必要があります。そのためには、最初は面白い本に出会うまで続けること。そして、面白い本を選ぶことに注力することが大切です。

最初は1冊の本を読むだけでも疲れます。読書の基礎体力がないまま、たくさんの本を読もうと思っても、気持ちがついていきません。少しずつ文字を読むという行為に慣れていき、読書レベルを上げていくしかありません。

焦る必要はありません。まずは本を買うという行動と、買った本を月に1冊のペースでも読み進めてみる。そうして、読書に慣れることから、すべてが始まります。

神・読書スキル 24

↓読書は習慣の問題。自分が継続できるための工夫を考えて取り入れる。

上級者になるために読書の基礎体力をつけよう

最終的に読書を役立てるには、幅広く、多くの本を読むことが必要です。そのためにも、週3冊程度の本を継続的に読むことが必要です。ある程度の量を読まないことには、新しい知見を得ることも、質を担保することも難しいからです。

本をほとんど読まない人からすると、週3冊の本を読むことは、時間の問題以上に大変なことだと感じるかもしれません。しかし、これも慣れの問題です。本を読むために必要な基礎体力が身につけば、多くの本を読むことはそれほど苦になることではありません。ましてや、エッセンス・リーディングで良いのです。最初から最後まで

1冊の本を読みきる必要もありません。

では、読書の基礎体力を身につけるには、どうすればいいのか。

　がっかりさせて申し訳ないのですが、多くの本を読むしかありません。残念ながら、これまでマーケティングの基本的なことを知らない人が、いきなり専門的なマーケティングの本を読んで、すぐに理解できることはありません。世の中に入門書というものがあるのは、そのためです。自分の読書レベルに応じた内容の本から、読書の経験値を高めて、少しずつ基礎体力をつけていくしかありません。

最近は、マンガ版のビジネス書が増えてきました。売れたビジネス書をわかりやすくマンガ化されたものが人気です。最初は、マンガから入って、基本的なことを学んでから、本を読み進めていくのもオススメです。

1冊の本の中で、本当に著者が伝えたい重要なことは、それほど多くありません。1冊の本にせいぜい3つ程度。だからこそ、文字量が少ないマンガでポイントだけ覚えるというのは、効果的です。特に本を読むことに慣れていない人にとって、手っ取り早く読書の基礎体力をつけるためには良いでしょう。何よりも短時間で読めるのも利点です。

カンタンに読書の基礎体力を上げる方法

とはいえ、多くの本を読まずして、読書の基礎体力を早く身につける方法は本当にないのでしょうか。「本をたくさん読めるようになるために、本をたくさん読め」というのは、矛盾しているというもの。それでは、この本の意味がありません。忙しいビジネスパーソンに効率的に速く、たくさん本を読んでもらえるようになってもらうのが目的です。

ここで、読書の基礎体力を高めるために、必要な点を整理してみましょう。

①読書のモチベーションを維持するために面白い本を読む。
②幅広いジャンルを理解するために必要な基礎知識を手に入れる。
③本を読むことに慣れる。

実は、①と②は、きちんとした本を選べば、効率化することができます。最近は少なくなりましたが、ビジネス雑誌などでは、「この本を読め」といったオススメ本の特集などが、年に1回は掲載されています。『週刊ダイヤモンド』『週刊東洋経済』『THE21』『日経トレンディ』『PRESIDENT』『BRUTUS』など、秋から年末にかけて読書の特集が組まれることが多いのでチェックしてみて下さい。

どんなジャンルにも、そのジャンルを代表するような本があり、そこから知識の幅を広げていくことで、もっとも効率的に理解を深めていくことができます。

神・読書スキル25

➜１００冊の凡庸な本より、しっかりとした１冊を選ぶ。

読書を習慣化するための「可視化」技術

「本を週5冊ぐらい読んでいる」と言うと、多くの人に驚かれます。多くの人にとって、本を読むことは大変なようです。自分も最初は読書量を増やして、継続することは大変でした。しかし、結局は慣れてしまいました。習慣の問題です。

たとえば、**通勤時間の電車の往復40分を読書の時間と決めて、本を読むだけで、平日の週5日で200分の読書時間を確保できます。**200分あれば、本にもよりますが、エッセンス・リーディングすると、2冊は読むことができます。これ以外にも、たとえばお昼の休憩時間の15分、就寝前の60分を読書の時間にするだけで、かなりの本を読むことが可能です。仮に、平日５日、これらを実践するだけで、通勤時間で２００分（40分×５日）、昼休憩75分（15分×５日）、就寝前３００分（60分×５日）、合計５７５分となります。これだけの時間があると、４、５冊の本を読むことができます。時間は作ることができます。

仕事から帰った後、普段何に時間を費やしているかを考えてみましょう。多くの人はテレビやスマホ、ＳＮＳ、チャット、インターネット動画などに時間を費やしています。それらのタスクの内１時間を読書の時間とするだけで、かなりの量の本を読めます。つまり、**読書とは時間の問題ではなく、意識づけと習慣の問題**なのです。

仕事ができる人ほど、時間の管理が得意です。人間に与えられた時間は平等で、１日は24時間しかありません。限られた時間の中で、アウトプットを出すために、いかに効率的に時間を使うか。そうした意識を持っているだけで、時間は作り出せるものです。

意思の力を使わずに物事を進めるには、習慣化することです。毎回、「本を読まなければならない」と気合いを入れて、本を読み始めているのでは、読書は継続しません。さも、本を読むことが当たり前のように日常に組み込む。意思の力を使わずに、自然に本のページを開く。そうして習慣化された行動は、環境が大きく変化しない限り、長く継続します。

読書を可視化せよ

物事を習慣化させるには、30日間継続する必要があると言われています。では、読書を30日間継続させるにはどうすればいいのでしょうか。ダイエットと同じようなもので、気合いとモチベーションを維持させる仕組みが必要です。

ダイエットを成功させるポピュラーな方法として「レコーディングダイエット」というものがあります。これは、毎日、体重を計測して、記録するというもの。それだけで、体重の変化が可視化されて、ダイエットが継続するというのです。ダイエットをすると、少なからず体重が減っていきます。すると、記録している体重が減っていくのがわかり、モチベーションが高まるのです。

同じように、**読書も記録して、可視化することで継続のモチベーションを高める**という方法がおすすめです。読んだ本を記録するアプリやサービスには、昔から様々なものがあります。代表的なものには『読書メーター』『Readee』『ブクログ』といったものがあります。読書のログやメモを管理するためのサービスには、無料で様々なものがあるので、自分に合ったものを選んでみると良いでしょう。

アプリやサービスに頼らずとも、自分でノートに読書日記を書いてみたり、ブログを書いたりすることも有効です。とにかく読んでアウトプットして、読書をしているという満足感を得ることが大切です。それが、読書を継続させるためのモチベーションとなります。

また、読書を記録する以外にモチベーションを高めるための方法として、読書会や朝活に参加したり、自分でコミュニティを運営したりするという方法もあります。自分一人で物事を継続するよりも、他の人と一緒に取り組むほうが、より効果的です。仲間と一緒に何かをする方が、物事はずっと継続します。

読書会とは、読んだ本を持ち寄って、様々な人に本を紹介して、意見を交換したりするイベントです。フェイスブックやイベント管理サービス『Peatix』『EventRegist』などから、様々なコミュニティを探すことができます。

神・読書スキル 26

↓読書の記録をとったり、コミュニティに参加するなど、読書を継続させるための仕組みをつくる。

第4章

選書を効率的にする 7つの技術

粗悪本を排除して良質本だけを見分ける7つの選書技術

読書において一番ムダなことは、粗悪な本を読むことです。時間をムダにするだけでなく、間違った情報を得ることにもなりかねません。自分にとって価値となる良い本を読むためにだけ時間を使うのが理想的です。私たちが使える時間は限られています。だからこそ、**いかに良書を選び、粗悪な本を排除するかが重要**になります。

多くの人は、あまり明確に本選びの基準を持っていません。書店や広告で見かけて、あるいはアマゾンのレコメンドで買う。なんとなく話題になっている、売れているようだから買うという場合が多いようです。

実際に、出版社の編集者は、「本が売れるための1番の要素はタイトルで、次に装丁。この2つの要素で、売れ行きの9割が決まる」と言います。

つまり、ほとんどの人は、本の見た目とキャッチーなタイトルで本を買っているということです。最近は、インターネットのインフルエンサーを利用して、出版前にある程度の売れ行きをコントロールするという手法もありますが、ほとんどの本はいまだに見た目が9割というのが実情です。

中でも話題性があり、多くの人に売れている本は、書店の店頭やネット上でも露出が多いため、購入する機会が増えます。書籍が目にとまらなければ、本は売れません。書店員がどのように書籍を仕入れて、どのような場所に本を置くかによっても、売れ行きは左右されます。

しかし、多くの場合、書店で目立つ位置に並べてもらうには、いわゆる「売れそうな」本であることが必要です。そこには、著者のプロフィールや実績だったり、出版社の営業だったり、様々な要素が絡んでいます。

たとえば、堀江貴文さんや落合陽一さんの本であれば、内容にかかわらず、間違いなく目立つ場所に置かれます。目立つ場所に並べられた本は、必然的に購入される可能性も高くなり、売れれば売れるほど話題となり、広告が出稿されたり、ランキングの上位に出たりと露出が増えるため、さらに売れるという正のフィードバック効果によって、売れ行きがのびます。

では、こうした話題になった本や売れている本だけが、良書なのかというと、そんなことはありません。「見た目が9割」の世界では、実際に内容によって評価される本は少数派です。こうした中で、良い内容を選ぶことこそが、重要になってくるのです。

本を選ぶことに時間をかけることは、その後の読書に時間をかける以上に大きな意味があります。本を選ぶ時間よりも、本を読むために必要な時間は長く、無駄な読書をしてしまうと、その時間はまったく意味がないものになってしまいます。選書をおろそかにしないことが、読書の効果を高める要諦なのです。

では、良い本を選ぶにはどうすればいいのか。毎日、220冊以上の本が出版される中で、とにかく良い本を選び抜くには、ある程度自分の中で本選びの基準を持っておくことが大切です。

良い本を選び出し、粗悪な本を排除するには8つの選書の技術が有効です。本選びのポイントさえ知っておけば、完璧にハズレ本をなくすことはできませんが、ハズレを減らすことは可能です。

神・読書スキル27

↓ハズレ本に時間を費やさないために、本選びにこそ時間をかける。

技術①セリング・ウェル選書法

売れているだけで空っぽの本を4つの視点で見破れ

売れているからといって良い本とは限りません。売れている本だけが良い本ではありません。一方で、本当に良いから売れていることもあります。つまり、「売れている」こと自体だけでは、本の内容の良し悪しの判断材料としては弱いのです。

しかし、多くの人に注目されて、売れる本にはそれなりの理由がある場合があります。まずは、**話題となっている本が、なぜ売れているのかをチェックし、それを知った上で、買うか買わないかを判断してみると良い**でしょう。

①有名な人や話題の人が書いている

小説であれば、村上春樹さんが本を書けば売れます。ビジネス書であれば、堀江貴文さんが本を書けば売れます。ただし、彼らが出版する本のすべてが、当たりかと言うとそういう訳ではありません。中には同じような内容が繰り返されていたりします。特にビジネス書においては、その人の経験が基になって、内容が決まってくるので、何十冊も異なるテーマで、密度の濃いことを書くことができる人は限られてきます。

有名な人や話題の人が書いている本は、大抵の場合、ネット上でも話題になりますし、レビューもたくさんつきます。読む前に、評価を見てから手に取っても遅くないでしょう。

その著者のファンになり、毎回同じ著者の本しか買わないことも、知識や思考が偏るという点であまりオススメしません。

②内容が時流にあっている

ビジネス書は、その時々の時流に沿ったテーマの本が大量に出版されるのが特徴です。旬があるのが、ビジネス書と言えます。

最近の時流に沿ったテーマには「人工知能（ＡＩ）」「働き方改革」「副業」「人生１００年時代」などがあります。

そうしたテーマには、それぞれ専門家がいて、話題になっています。人工知能であれば、『人工知能は人間を超えるか』（ＫＡＤＯＫＡＷＡ）の松尾豊さんや『ＡＩ vs. 教科書が読めない子どもたち』（東洋経済新報社）の新井紀子さん。人生１００年時代であれば、『ＬＩＦＥ ＳＨＩＦＴ』（東洋経済新報社）の著者、リンダ・グラットンさん。時流のテーマにおいて、その分野の専門家が書いた本が話題になっている場合には、手に取ってみる価値があります。

現在、何が社会環境に影響を与えていて、何が問題となっているのかについて、体系的な知識を持っておくことは、ビジネスパーソンとして非常に大切なことです。こうした社会環境の変化は、ほぼすべての人の仕事に影響を与えます。それを知っているか知らないかによって、今後の自分の仕事や人生に大きな違いが生まれるでしょう。

③視点が新しい

少し前であれば、『嫌われる勇気』（ダイヤモンド社）が話題になったように、これまでであまり取り上げられてこなかった視点が話題になることがあります。この本で紹介されているアドラー心理学自体は古いものですが、それが現代的なニーズに合致したため、改めて話題となったりすることがあります。

最近では、『FACTFULNESS（ファクトフルネス） 10の思い込みを乗り越え、データを基に世界を正しく見る習慣』（日経ＢＰ社）などが話題です。多くの人がいまだに、世界の変化について古い知識しか持ち合わせていない。だからデータや統計によって、物事を正しく判断する習慣を持とうという内容です。一部の人にとっては、当たり前だと思われていたことが、世の中のほとんどの人にとっては当たり前でなかったというのが事実として伝えられている視点が、多くの人に取り上げられるきっかけとなりました。

④海外で売れている

海外で話題になり売れている本を翻訳して、日本で出版するというものも、最近ではかなり増えています。ＮＹタイムズベストセラーの翻訳書など多く見かけます。海外では、新聞を中心としたメディアが、書籍をきちんとレビューすることが、日本以上に盛んに行われているように思います。もちろん、日本のメディアでも書評文化は残っていますが、海外では日本以上に知識人たちが、書籍の推薦コメントを出して、優れた書籍をPRすることに力を入れているように思います。こうした海外で話題になっている本は、その内容に一定の質が担保されていると言えます。

最近では『サピエンス全史』（河出書房新社）や『SHOE DOG』（東洋経済新報社）、『ティール組織』（英治出版）のような分厚い本であっても日本で話題となりました。海外で売れる本の基準は、日本よりもかなり高いようです。これまでの経験上、海外で売れている本で、つまらなかったということはほとんどありません。**海外の翻訳書に絞って、選書することは、かなり効率的**だと言えます。

神・読書スキル28

➡売れているだけで本を選ばない。売れている理由を考えたうえで、買うかどうかを判断する。

技術②立ち止まり選書法

タイトル買いする前に絶対チェックしたい3大要点

本に限らず、インターネットの記事も同じですが、刺激的なタイトルには、それだけで注意をひく効果があります。注目を集めなければ、本を手に取ってさえもらえない。見てもらえなければ、その内容の良さも伝わりません。だから、多くの著者や編集者は、タイトルに頭を悩ませます。

しかし、**タイトルの良し悪しが内容の良し悪しと一致するとは限りません**。秀逸なタイトルを付けたとしても、内容がともなっていないことは一般的です。だからこそ、タイトルだけで本を選ぶことは、もっともしてはならないのです。

同じように表紙やカバーの見た目だけで選ぶ、いわゆるジャケ買いも、合理的ではありません。見た目の良し悪しと内容の良し悪しが一致するとは限りません。本はファッションではありません。もっとも重要なのは、書かれているコンテンツの中身なのです。

タイトルを見て、気になった本を即座に買うのではなく、まずは立ち止まって、本の内容をチェックしましょう。

チェックする項目は、次のとおりです。

①著者のプロフィール

どのような人が本を書いているのか。著者のプロフィールは、本の内容とその良し悪しを知る上で、大きな手がかりとなります。著者がどのようなキャリアを経て、どのような実績をあげてきたのかによって、その著者の専門性や経験値、スタンスがわかります。ビジネス書の場合、まったく内容と関係しないプロフィールの人が、本を書くというのはないでしょうが、専門性や経験値などのレベルには差があります。

著者のプロフィールの見極めは、採用面接に似たところがあります。これまでの職務経歴をもとに、その人の実力や経験を測るのです。

著者のプロフィールは、大まかにわけて、いくつかのタイプにわかれます。

1）独立したコンサルタント

一見、現職の肩書きだけを見ても、何をしている人か、そのレベルが判断できないタイプです。著者の多くに見られるパターンです。本を書くレベルの専門性を持った人の多くは、個人として独立して活動をしていることが多く、個人で会社を経営しています。

多くの場合、キャリアのスタートとして、著名な企業で実績を出して、やがて独立している人を多く見かけます。これまでどのような企業を経て、過去にどのような仕事を経験して今に至るのか。また、これまでにどのような実績を持っているのかを確認します。いわゆる知名度が高い優良企業出身の人であれば、それは1つの信用の証となります。

2）企業経営者

スタートアップから大企業まで、様々な経営者が本を書いています。昔は、たとえば、松下幸之助さんや稲盛和夫さんのような大企業の著名な経営者が本を書く場合が多かったのですが、最近ではスタートアップの若い経営者、起業家たちが本を書いています。書籍も企業が広報活動をするための1つのメディアであると言えます。

このような企業経営者が著者の場合、その経営している企業の実績や事業内容が、本の内容を判断する材料となります。優れた企業のストーリーや裏側について書かれた本には、勉強になる内容が多く含まれています。

3）編集者／ライター

雑誌や新聞の編集者やライターが、著者となる場合です。この場合、著者本人よりも取材対象が内容の良し悪しの判断材料となります。また、編集者やライターでも、文章術のように本業に関わる内容をテーマとしていることがあります。

中には、書籍を書くことを本業としている作家もいます。いわゆる作家だけの肩書きの場合、そのキャリアの背景がわからない場合には、注意が必要です。プロフィールだけでは、信用が担保できないため、ウェブで名前を調べてみるなど、著者が普段からどのような活動をしている人か確認することが大切です。

4）教育関係者

大学の教授や准教授、教師など。主に専門とする研究内容を一般の人向けに書かれています。ある意味、学校というわかりやすい指標が、内容の良し悪しを担保してくれます。

専門的な研究成果を、広く一般の人向けに解説してくれる本は、優良なコンテンツである場合が多いです。特に海外の優れた本の著者には、大学などの研究機関に所属している人が多く、優れた本を出版しています。

5）その他

知名度が高ければ、書籍を出せば売れるため、様々な分野の人が本を書いています。スポーツ選手、芸能人、テレビプロデューサー、芸術家など。内容は千差万別です。

②目次

目次を見れば、おおよそ書かれている内容の見当がつきます。

前述したとおり、「はじめに」「まえがき」「第1章」は特に重要です。重要なことは、最初の方に書かれていることがほとんどであるため、目次の前半とタイトルの関係性を読み解けば、内容の良し悪しの判断材料になります。

本を手に取ったら、まずは目次を見ることを習慣にしましょう。もし、アマゾンで本を買う場合には、アマゾンの商品の説明と目次を読むだけで、それを買うべきかどうかの判断材料になります。また、書店で本を買う場合にも、スマホでタイトルを検索して、アマゾンの商品の説明を読むことで、本を買うかどうかを知る大きな材料になります。

③帯

帯は、タイトルの延長線上にあります。その本の内容が簡単に文章やキャッチコピーにされていたり、推薦者のコメントが書かれていたりします。「重版」「○部発行のベストセラー」といったように売れていることがアピールされていたりもします。

実は、帯は役に立たないことが多いです。なぜなら、タイトルと同じく、目的が宣伝だからです。内容を知る手がかりとしては、目次に比べるとはるかに弱く、場合によっては、ハズレを引いてしまうことにもなりかねません。

推薦者と言っても、日本の場合には、著者と仲の良い人が書いている場合がほとんどで、必ずしも中立的な立場から、本の内容を評価しているわけではありません。もちろん、あまりに酷い内容の本を推薦することは、推薦する側のレピュテーションにも関わります。推薦者にもよりますが、何でも推薦する人と、その人独自のポリシーを持って、推薦している人かどうかの見極めが必要です。

神・読書スキル29

↓タイトルと装丁だけで、本を選ばない。まずはしっかりと内容を確認する手間を惜しまない。

技術③両刀使い選書法
書店とアマゾンを併用して偏りを平準化する

本を購入する場合、書店かアマゾンを利用するという人がほとんどだと思います。それぞれにメリットがあるため、私自身は両方を使います。

①書店

書店のメリットは、その一覧性、視認性の良さにあります。単純に売り場の面積が大きく、書棚が広いほど、視界に入ってくる本の数が増えます。必然的に興味をひく本にも出会いやすくなります。

アマゾンなどのネット書店を利用すると、どうしても本探しを検索とレコメンドに頼らざるをえなくなります。

特に買う本が決まっている目的買いの場合には、ネット書店は便利です。しかし、検索とレコメンドに頼ってばかりで、本を探すと同じようなジャンルの同じような本ばかり選んでしまう可能性があります。そうすると、意外性のある本に出会えなかったり、マイナーな本が埋もれてしまったりします。結果的に選書が偏ってしまうのです。気づけば、いつも同じような本を読んでいるといったことになりかねません。ネット書店の場合、この自分の好みに合う本と意外性のある本が見つかるというバランスが非常に難しいのです。

書店で本を探す場合には、特に大型書店がオススメです。小型の書店では、棚の面積が限られているために、仕入れが書店員の力量によって左右されることになります。中にはものすごく選書の良い書店もありますが、毎日220冊以上の新刊が出る中で、一定の質を担保して、本を選ぶのは大変なことです。
その点、大型書店であれば、本の数によって、偏りを平準化することができます。売れている本から売れていない本まで、幅広く並べられることで、選択の余地が増えます。

近隣に大型書店がない場合には、残念ながら、小型書店とネット書店を利用するしかありません。大型書店よりも、選書が偏るリスクはありますが、ネット書店にすべて依存するよりはマシです。

実は、書店とネット書店では、本の売れ行きの傾向が大きく変わってきます。書店の場合、立地や書店の仕入れによって、売れる本は大きく影響を受けます。オフィス街と言っても、丸の内や六本木、渋谷、品川という都内の大きな街であっても、売れる本が変わってきます。立地によって、周囲の企業の業種が異なったり、年齢層が異なったりするからです。

この差は、都心部の書店と周辺都市のショッピングモール内にある書店でも、大きくなります。利用者の属性に応じて、売れる本は大きく変わるのです。

実際に、新聞やビジネス雑誌には、書店の売り上げランキングが掲載されていることがありますが、書店によって、売れているものは大きく変わっているのがわかると思います。

一方、ネット書店のランキングは独特です。特に利用者層が、書店に比べて若い傾向がある上に、場所の制約を受けずに売れるために、書店とまったく異なるランキングになってます。

最近では、ウェブニュースメディアの『NewsPicks』から出版される本が売れる傾向が顕著です。ウェブメディアと本を組み合わせた販売戦略がうまくいっているようです。

売れ行きが異なる書店とネット書店は併用することで、選書の偏りを減らすことができます。広く本の情報を収集することを心がけることが大切です。

②アマゾン

アマゾンの良さは利便性です。インターネットの特性を活かして　検索が便利ということもありますが、何より、これまでの購買履歴をもとに自分の好みに合いそうな本をレコメンドしてくれるところが最大の特徴です。

自分と同じような購買履歴を持つユーザーがどのような本を買ったのかをもとに、本を選んでくれます。書店では探せないような切り口で、本をレコメンドしてくれるために、とても参考になります。

一方で、レコメンドはあくまで自分と似たユーザーの選書をベースにしているために、意外性のある本を紹介してくれません。ここに落とし穴があります。アマゾンのレコメンドだけに頼って、本を選び続けると、結果的にアマゾンで売れている本に多くのユーザーが集中していくことになります。気がつけば、売れている本を読んでいるだけで、他の人と同じものを読んでいるという状態になります。そこには、他の人と差別化するという視点がなく、得られる知識も他の人と同じようなものになってしまう、というデメリットがあります。

売れていない本だからこそ、他の人と違った情報を得られる可能性が高い。もちろん、単純にハズレ本という可能性もありますが、他の人があまり知り得ない情報にこそ価値があるという点では、売れていない本もチェックする対象にするべきでしょう。

書店とアマゾンを併用する。レコメンドだけに頼らずに、自分の足で、意外性のある本を探しに行きましょう。

神・読書スキル 30

↓書店とアマゾンの両方を使い分けることで、幅広く本を選ぶ。

技術④レビューサイト選書法

自分好みの書評や要約サイトを使い倒す

本の情報は、昔から書評という形で、新聞や雑誌などのメディアに掲載されてきました。現在でも、多くの新聞や雑誌には、書評欄が残っています。インターネットが普及して以降は、個人のブログや書評サイトもたくさん登場しました。

媒体を問わず、書評のポイントは、選んでいる人のレベルです。一般的には、書評を書く人は、かなりの数の本を読んでいます。大学の教員、評論家、専門家、書店員などが、書評のレビュワーとなっています。その人の専門性や属性によって、どのような本を薦めるかは変わってきますが、書評は本を選ぶ上で、優良な情報だと言えます。特に新聞やビジネス雑誌に掲載されている書籍は、内容もしっかりとした書籍が多いのが特徴です。

書評をチェックする時間を持ち、良い本を選ぶために時間をとることで、無駄な読書をする時間を逆に減らすことができます。

私自身も、普段『bookvinegar』というサイトを運営し、本の紹介をしています。ここ数年、本の要約サービスも増えており、本を選ぶための情報は充実しています。

ここでは、本選びに使える書評や、要約サイトを紹介します。これら複数のサイトをチェックするだけで、かなりの本の情報を得ることができます。本の概要を知ることもできるため、自分に必要な本を選ぶための指針にもなります。

I 要約サイト

①『bookvinegar（ブックビネガー）』

2000冊以上のビジネス書の要約を掲載。無料です。3分で概要をつかめるように1冊の本を1500文字程度にまとめています。現在は週4冊程度を更新しています。

ポイントは書籍の選び方。書籍の帯で著名人の推薦があるもの、新聞や雑誌の書評で取り上げられたものを中心に選書しています。

また、知識の幅が偏らないように、ビジネスに関わる領域だけでなく、サイエンスに関するものも時々取り上げています。自己啓発書やハウツー本に偏ることがないように、経営からマーケティング、リーダーシップ、テクノロジーに関するものなど、バランスが取れるように選書をしています。

そして、なるべく海外の翻訳書を取り上げるようにして、質の高い本を選ぶことを心がけています。選書こそ読書の要諦です。無駄な読書に時間を浪費しないように情報を発信しています。

②『flier（フライヤー）』

無料プランと有料プランがあります。無料の場合、毎月2冊程度のコンテンツしか更新されていないようです。月額2000円のプランで、毎月30冊程度の要約を読むことができます。1冊あたり、4000文字程度にまとめられており、10分以内に読めるようになっています。

③『SERENDIP（セレンディップ）』

年額3万円（月あたり2500円）。週4冊程度が更新されています。こちらも1冊が3000文字程度にまとめられています。

まだ日本でも翻訳されていない本も対象になっていますので、他では得にくい情報も入手することができます。

④『BOOK-SMART（ブック・スマート）』

年額1万8000円（月あたり1500円）。週2～3冊更新されています。1冊あたり4000文字程度にまとめられています。

Ⅱ要約雑誌

①『TOPPOINT』

こちらは月刊誌です。会員用サイトから、ログインしてPDFで読むこともできます。1987年からサービスが始まっており、要約メディアとしてはもっとも古いサービスです。

年額1万2960円（月あたり1080円）。月に10冊の要約が掲載されており、1冊5000文字程度でまとめられています。TOPPOINTの特徴は、毎月100冊程度の新刊をすべて読んでから、その中から本を厳選していることです。かなり選書のセンスが良いので、本選びの参考になります。個人的に、もっとも重宝しているサービスです。

特にユーザー層が経営者層であることもあり、選書のレベルが高いことも特徴です。経営書などがよく取り上げられています。

Ⅲ書評サイト

①『ビジネスブックマラソン』

書評ブログの老舗です。ビジネス書業界では有名な出版コンサルタントの土井英司さんが、毎日メルマガで本を紹介しています。出版に携わっている本のＰＲ的な側面も入っていますが、ものすごい量の本を読まれている方が紹介する本は、やはり参考になります。

②『HONZ』

元マイクロソフト日本法人の社長で、様々な本を書かれている成毛眞さんが代表を務める書評サイトです。レビューを書く人を厳選し、そのレビュワーがオススメの本を紹介しています。

ビジネスに限らず、様々なジャンルの本を扱っています。書評の内容が充実しているので、ざっと目を通すだけでも役に立ちます。

Ⅳ新聞雑誌の書評

『週刊ダイヤモンド』『日経ビジネス』『週刊エコノミスト』『週刊東洋経済』『PRESIDENT』、主要なビジネス雑誌には、必ず書評欄があります。書店員やライター、大学の教員など、様々な人が選書を行い、本の紹介をしています。

毎週、ビジネス雑誌の書評欄をチェックするのは大変かもしれませんが、『Dマガジン』や『楽天マガジン』などの月額制の雑誌読み放題サービスを使えば大抵の雑誌を読むことができます。

また日本経済新聞など、新聞の書評欄も参考にすると良いでしょう。

このように本を紹介する書評や要約の情報は、意外に多く存在しています。ここで紹介したメディアをチェックするだけでも、本を選ぶ時の基準が格段に上がります。

書評のチェックを続けるだけでも、本選びのセンスが磨かれます。

有料なものも含まれていますが、ハズレ本を読んで、お金と時間を無駄にするよりは、むしろ時間をかけてでも、先に情報収拾をする方がよいでしょう。

神・読書スキル 31

↓書評や要約などの情報を活用し、選書のセンスを磨く。

技術⑤ソムリエ選書法

信頼できる自分だけの「書評家」を見つける

普段から、よく本を読んでいる人にオススメの本を聞く。これが、もっともハズレのない方法です。相手が普段から本を読んでいる人であれば、「最近、読んで面白かった本ありますか？」と聞くだけ。相手がどのようなことに興味を持っているかによって、紹介してもらえる本は異なりますが、大抵の本は面白いはずです。

ネットのレビューなどよりも、結局のところ自分が信頼できる人にオススメを聞くのが、もっとも信頼性が高い情報と言えます。これは、別に本に限ったことではなく、映画でも音楽でも、あるいは人の評価においても同じことです。

周りに本を読む人がいない場合は、読書会などのコミュニティやイベントに参加すれば、簡単に会うことができます。また、朝活や勉強会など、勉強意欲の高い人が集まりそうなところには、必ず本を読んでいる人がいるものです。

自分だけの「本のソムリエ」を探しましょう。**読書家が周りに数人いるだけで、良い本に出会う確率は飛躍的に上がります。**出版社の編集者、書店員も仕事上、よく本を読んでいる人がほとんどなので、知り合いがいたら、追いかけてみるのも良いでしょう。

神・読書スキル 32

↓自分の周りの読書家を探す。

技術⑥「温新知新」選書法

ムリして古典を選ぶ必要なし

定番の本の選び方として「古典を読め」というものがあります。理由は明快で、古くから読み継がれているものは、価値があるはず。価値があるから、読み継がれているというものです。

確かに古典で言われてきたことを焼き直して、同じ内容のことを現代風に書かれているような本がたくさんあります。たとえば、『孫子の兵法』(三笠書房)のような2500年以上前の戦略書をビジネスの世界に当てはめて、解説している本などがあります。『君主論』（岩波文庫）からリーダーシップを学ぶというコンセプトの本もあります。アランの『幸福論』（岩波文庫）のように、幸福とは何かなど、道徳を説く本などもあります。出典を明確にしていなくても、内容の元を辿れば、古典に行き着くといった本は、世の中に溢れています。

確かに古典には、現在にも通じることがたくさんあります。人間の本質的な部分は今も昔も変わりません。だから、時間のある人は古典を読めば良いと思います。代表的な古典というと、人生という時間において読み切れないほど、たくさんの数があるわけではありません。

また、古典と同じように、経営者には歴史小説を読まれる方が多くいます。『竜馬がゆく』『三国志』『坂の上の雲』など。それは、過去の人間の歴史は、現代においても同じように繰り返されるからです。人間の行う普遍的な事柄は、昔から変わらないものです。歴史から学べることは多くあります。

とは言え、私は古典をあまり読みません。この変化の激しい時代、数百年前とは大きく環境は変わっています。必ずしも、古典に書かれていることが、現代に当てはまるとは限りません。内容自体が古臭くて、時代錯誤を感じてしまうこともあります。時代感覚が古くて内容に共感できないと、読書自体のモチベーションを削がれてしまいます。

確かに古典と言われると、とても重厚で「定番」といった感じを受けます。しかし、**必ずしも古典こそ最高の教科書として、ありがたがる必要はありません。**

古典を読まずとも、現代の環境に応じた、優良な書籍はたくさんあります。あまり古典にこだわらず、選択肢を狭めずに本を選ぶとよいでしょう。

神・読書スキル 33

➜古典にこだわらず時流も考える。

技術⑦ワイドバランス選書法

7つの観点で本を選んで視野を圧倒的に広げる

本を選ぶにあたって大切なことは、幅広いジャンルの本を選ぶことです。特定のジャンルの本だけを読む、好きな作家の本だけを読む、読みやすい本だけを読む、ページが分厚い本は読まない、そうして本の選び方が偏ると、考え方も偏ってしまい、物事の視野を狭めてしまいます。

世の中には、様々な物事の考え方、様々な視野や立場から書かれた本があります。栄養バランスが偏ると健康に良くないように、本選びも偏ると良くありません。

本をバランス良く選ぶための方法には、以下の方法があります。

①先入観を捨てる

本を選ぶ時に、「こんな本は面白くない」「こんな本は自分の仕事とは関係ない」といった先入観を捨てるところから始めましょう。この先入観こそが、知識や思考の偏り、視野を狭める原因となります。

先入観を捨てて、違う角度から本を選ぶと、これまでとは違った本を手にとっているはずです。気になった本は、まずはチェックしましょう。目次やまえがきを読んでみるのです。最終的にその本を買うかどうかは別として、まずは手にとってみて、内容をチェックすることが大切です。

②あえてなじみのないジャンルを手にとってみる

自分にルールを課すことも有効です。あえてなじみのないジャンルの本を手にとってみることを意識して行います。意識的に「あえて」を取り入れる。すると思わぬ発見があることもあります。

一度、新しい発見があると、おそらく「あえて」は、もはや「普段の」となり、自分の中に新しい思考回路が組み込まれます。こうして新しい選択を繰り返すことで、視野は広がります。

③違和感を大切にする

書棚を眺めてみて、何か違和感を感じる本、変わっているなと思った本は、迷わず手にとってみる。つまり直感を大切にするということです。人間はついついなじみのあるものを好む傾向があります。違和感のあるものを警戒します。

むしろ、自分が違和感を感じた本は好奇心を持って、チェックしましょう。案外、視野が広がることがありますし、その本が当たりだということがあります。

④違うジャンルの本を組み合わせる

本を買う時には、一度に複数冊をまとめ買いすることを習慣として、その際には必ず違うジャンルの本を組み合わせることをルール化します。4冊買うなら1冊は、普段買わないジャンルの本にしてみるなど、同じものばかり買わないように工夫します。本を読む時にもマンネリ化しないというメリットがあります。

⑤複数の書店を使う

都心に住んでいる場合には、複数の書店を使い分けることをしてみて下さい。書店によって、仕入れている本が変わることに気づきます。

紀伊國屋書店、丸善ジュンク堂書店、くまざわ書店、リブロなど、書店が異なれば、置いてある本が違います。書店だけでなく、場所によっても置いてある本が異なります。

もちろん、売れ筋のベストセラーは同じようなものが置いてありますが、新刊は毎日大量に出版されます。同じタイミングでそれぞれの書店を訪れても、書棚に並べられている本はずいぶんと異なっているものです。

置かれている本が異なれば、当然、視野に入ってくる本も異なります。すると、自然に手にとる本の選択肢も異なってきます。

⑥書棚はすべて回ってみる

書店に行ったら、特定のジャンルの棚だけでなく、書棚はすべて回る。その際、平積みされている本を見るだけでも構いません。書棚1つ変わるだけで、並んでいる本は、大きく変わります。そして、まずは気になった本をチェックしてみるのです。

とにかく普段、あまり見ない場所こそ、あえてチェックしてみましょう。思わぬ発見から、選書の幅が広がるかもしれません。

⑦アマゾンのレコメンドに頼り過ぎない

アマゾンばかり利用していると、選ぶ本も同じような本ばかりになってきます。書店に並んでいて、目に止まる本とアマゾンで表示される本は、かなり異なります。

それぞれ本選びのロジックが異なるため、アマゾンのレコメンドに頼ってばかりいることはやめたほうが無難です。気づけば、同じような本ばかりを読んでいることになりかねません。

神・読書スキル34

↓書店マニアになるぐらいのつもりで、選書にこだわる。

図６　選書７つの技術

①売れている本は買う前に４つのポイントをチェック
②タイトル買いをする前に必ずチェックすること
③書店とネットは両方使う
④自分好みの書評や要約サイトを使い倒す
⑤信頼できる「本のソムリエ」を見つける
⑥ムリして古典を選ぶ必要なし
⑦自分の好みの本以外にも手を出す

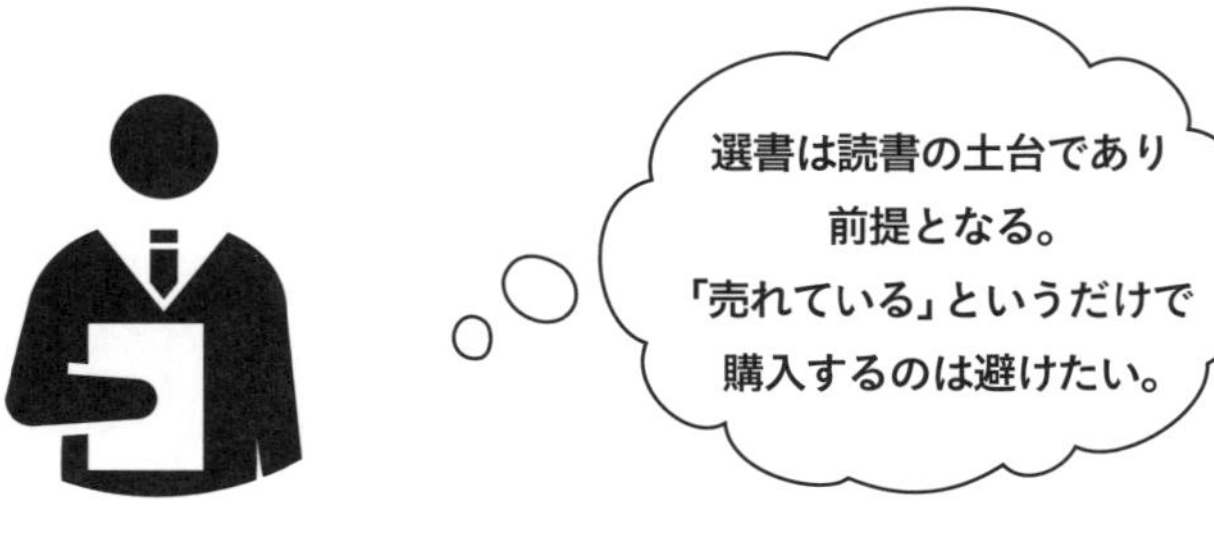

第5章

記憶を定着させる最強インプット法

記憶は自然と強化されていく 多読によって

エッセンス・リーディングのコンセプトは、「一言一句を読むのではなく、要点を絞って多読する」ことです。大量にインプットした情報は忘れることも前提にしています。とは言え、読んだ本の内容はきちんと記憶して、それぞれの場面で活かしたいと思うところです。

人の記憶のメカニズムを知って、記憶力を高めるには、『脳が認める勉強法』（ダイヤモンド社）が参考になります。記憶には、情報を「保存する力」と「検索する力」の2つの力があると言います。「保存する力」は増えることはあっても、減ることはない。私たちが物事を忘れるのは、「検索する力」が低いか、ゼロに近い状態になり、一時的に情報を引き出すことができなくなるためだ、と言います。

人は新しい情報をインプットするために情報を忘れる。そして、脳は繰り返しインプットされる情報に価値があると判断し、その情報を記憶する。そうすることで、情報のスクリーニングを行うというのが脳の記憶の仕組みだそうです。

つまり、**記憶するためには「忘れる」と「繰り返す」という2つのプロセスが必要だということ**です。インプットして、忘れた情報を、何度も繰り返しインプットすることで「検索する力」が鍛えられ、情報を引き出すことができるようになります。

多くの本は、似たような内容を扱うものです。文章や形式が違っていても、同じようなことが書かれていることが多くあります。つまり、**エッセンス・リーディングは、記憶を強化することにも向いている**のです。

神・読書スキル35

↓エッセンス・リーディングを行えれば、いつのまにか記憶は定着する。

読書履歴によって「脳内の検索エンジン」を鍛える

過去にインプットした情報を引き出す「検索する力」は、鍛えることができます。インプットした情報を、検索しやすくするためには、記憶する情報を関連性の高い情報と紐づけて記憶することです。

1つの情報に対して、複数の関連する情報を紐づけるとは、情報のタグをたくさん付けて、検索エンジンに引っかかりやすくするようなものです。ちょうど、Twitter や Instagram で使われるハッシュタグのように、1つの情報に関連するタグをたくさん付けると、脳にインプットした情報も引き出しやすくなるようです。

繰り返し情報に触れて、関連する情報を紐づけていくことで、記憶は定着していく。大量のビジネス書を読んでいく過程で、同様の情報に繰り返し触れることが大切です。

エッセンス・リーディングでは、多くの本の要点を絞って、読み飛ばしていきます。そうすることで、情報のタグは圧倒的に増えていきます。結果として、一度読んだ本の内容を思い出しやすくするのです。

様々な本を読み、内容に情報のタグを付けていき、脳の中に情報のマップをつくっていく。エッセンス・リーディングを行なっていれば、自然に身についていきます。これを効果的に行うには、関連する情報の紐づけを意識的に行うことが大切です。

読んだ本の要点を箇条書きでも良いので、書き出し、それを関連する読書履歴と紐づけしていく。これはすでに紹介した読書履歴を管理できるツールを利用したり、ブ

ログやノートを使っても構いません。ちょっとした一手間をかけて、メモを残しておくことは記憶を定着させる上で役に立ちます。

そうして、読書によってインプットした情報が多面的に繋がっていくと、読書の内容は記憶として残っていきます。最初は、関連する情報も少ないかもしれませんが、継続していくことで、効果は高まっていきます。

神・読書スキル36

➡箇条書きやメモ書きで良いので、一手間かけたインプットを惜しまない。

情報のヒモ付けに環境変化のアレンジをつける

インプットした情報を、検索しやすくするためには、関連性の高い情報をたくさんタグ付ける。この情報には、読んでいる時の「周囲の環境」という情報も含まれるようです。

視覚、聴覚、嗅覚などの五感で感じる情報も組み合わせると、検索エンジンの力は増すといいます。情報をインプットした時の環境を再現してやると、その情報を思い出しやすくなるそうです。

たとえば、いつも同じカフェで本を読んでいるとすると、そのカフェでは、読んでいる本の内容を思い出しやすくなる。同じ音楽を聴きながら、本を読んでいると、その音楽を聴くと本の内容を思い出しやすくなる。場所などの環境をうまく使うことで、記憶の定着を促すことができます。

こうした方法をうまく使うには、本のテーマごとに読む環境を変えてみることが有効です。通勤電車で読むテーマ、寝る前に読むテーマ、あるいは特定のテーマの時には、特定の音楽をかける。

インプットする情報の紐付け方を工夫することで、効果的に情報を記憶に定着させることができるかもしれません。

神・読書スキル37

↓本のテーマごとに読む環境を変えてみる。

なぜ、スキマ時間のコツコツ読書は一気読みより効率的なのか

古くからある学習テクニックとして、最も強力でかつ信頼性の高いものとして、「分散学習」があります。一気に集中して勉強するよりも、勉強時間を「分散」する方が、インプットした情報はより記憶に残るのだそうです。つまり、**一夜漬けでまとめて勉強するよりも、毎日少しずつ勉強する方が効果的**というわけです。

読書も同じです。本を短時間でまとめて読むよりも、毎日のスキマ時間を使って、継続的に読み続ける方が効果的です。週末にまとめて本を読むのではなく、平日のス

キマ時間も使って、1週間を通じて、本を読む習慣を身につけることが、記憶の定着を最大化します。

分散学習では、最適な学習の間隔は1〜2日あけて勉強することが推奨されているようです。新しい物事を覚えても、それを数時間後に反復しても、それほど効果は上がらない。むしろ、1〜2日程度の時間をあけて、反復学習する方が効果的だと言います。

これを読書にも当てはめるとすれば、1〜2日おきに本を読むという方法が考えられます。**2〜3冊の本を並行して読み進め、同じ本は1日おきに繰り返して読むのが、理論上は最適な方法**と言えそうです。

神・読書スキル38

↓「分散読書」は理論上、最強の記憶定着法。

インプットの質を変えるアウトプットの「場」をこしらえる

受動的に繰り返されるよりも、能動的に繰り返したことの方が、記憶に残る。科学的な学習法として著名なものに、「覚えているどうかを自分でテストする」というものがあります。

この**1つとして「人に説明するために覚える」という方法があります**。人に説明するには、そのことをきちんと記憶して、理解していなければなりません。読んだことを読んだままにせず、アウトプットを意識した上で、読書をすることが大切です。

読んだ内容を仕事で試してみる。人に話をしてみる。インプットだけでなく、アウトプットの機会を作りましょう。

そこで、オススメしたいのが読書会です。読書会とは、お互いに本を持ち寄って、本の紹介をするコミュニティです。詳しくは次の章で紹介します。

神・読書スキル39

↓アウトプットが前提にあると、インプットの質は上がる。

第6章

読むだけで終わらせない！つながる読書術

読書会は持ちよる本以上に面白いことが起こる

読書のモチベーションを高める上で、もっとも有効な手段として、読書会があります。読書会とは、複数人で集まって、本について話し合う会。一種のサークルのようなものです。一冊の課題本をテーマに話し合うこともあれば、参加者がそれぞれ薦める本を持ちよって、各自が本の紹介をして、内容について話し合うなど、やり方は色々とあります。

朝活として、定着した朝の勉強会にも読書会のようなものが、たくさんあります。

こうした読書会が広がり始めたのが7、8年前です。ちょうどフェイスブックが本格的に日本に普及し始めた2010~2011年頃から、知らない人同士の間で、イベントを開催するハードルが大きく下がりました。それ以前にも、mixiを利用してサークル的に読書会を行っているというものがありましたが、圧倒的に普及し始めたのは、やはりフェイスブックによるところが大きかったと思います。

現在では、多くの読書会が開催されています。フェイスブックでイベントを検索すれば、複数の読書会が見つかります。残念ながら、地方に行くと、こうしたイベントも数が少ないのですが、少なくとも首都圏にいる限りにおいては、読書会に参加してみると、多くの人や本に出会うことができて刺激になります。

読書会で全国的に著名なものに『ビブリオバトル』という書評合戦形式で行われる読書会があります。全国大会なども開催されており、身近なイベントとして参加してみるのも良いでしょう。

朝、カフェで読書会

私も2011年9月から、毎週日曜日に『朝、カフェで読書会』という読書会を開催してきました。これまで累計350回ほどの開催回数になります。

最初は、ベンチャーキャピタルに勤めていた時の本好きの同僚と「ビジネス書を使って勉強会を開催して、知識をシェアしたい」という動機から始まりました。

私が、ちょうどビジネス書の要約サイト『bookvinegar』を立ち上げた時期でもあり、ネットだけでなく、リアルでも多くの人と繋がることができるコミュニティを作りたいと思ったのも、きっかけの1つでした。

現在では、企業と求職者をマッチングするサービスとして知られる『Wantedly』が、当時β版として、イベントを行う人を募集するマッチングサービスを作っていました。「面白そうだから、これを使って、読書会メンバーを募集してみよう」と、同僚が『Wantedly』を使って、読書会メンバー募集の告知をしたところから『朝、カフェで読書会』は始まりました。

その告知で、1名の参加者が現れました。ちょうどフェイスブックが日本で注目され始めた時期でしたが、まだまだ今ほど登録者がいなかった時代です。ネットを利用して、1名でもイベントに参加してくれる人が出てきたことに驚いたことを覚えています。

第1回の読書会は、渋谷の『FREEMAN CAFE』で開催しました。『Wantedly』のβ版で応募のあった方と同僚と自分の3名でした。紹介された本は『新ネットワーク思考』『フランクリン自伝』『プロフェッショナルマネジャー』『ラーメン二郎にまなぶ経営学』『マネジメント革命』の5冊。とりあえず、複数冊を持っていきましたが、第1回目から気合いの入った選書だったように思います。

第1回目で、手応えを得た（気になっていた）私たちは、その後、フェイスブックのイベント作成機能を利用して、毎週日曜日の午前に読書会を開催するようになりました。同僚の高校時代からの友人を呼んで、運営メンバーも3人に。といっても、毎回、知人を呼んでも4、5名ぐらいで集まる小さな会でした。

開催場所は、カフェを転々としました。当時の裏テーマが「カフェ巡り」。毎週開催するなら、いろんなカフェを開拓してみようと、青山を中心に日曜の午前中に開いているカフェを毎週検索しては、転々としていました。

開催から半年ぐらいは、ほとんど新しい参加者は現れませんでした。毎週開催して、新しい参加者が来るのは月2、3人。フェイスブックを利用して、勉強会を開催するのは、今ほど活発ではなく、当時は本当に新しい人が参加してくれるたびに、新鮮さを感じていました。「どのような仕事をしているのか」「どのような会社で働いているのか」、自分たちの知らない業界の知識や仕事のスタイルなどを教えてもらうのは、持ち寄る本の内容以上に面白い発見がありました。

読書会を始めてから半年近く経ってから、継続的に参加してくれる人も出てきました。リピーターが出てくると、会の参加人数も増えます。そうして継続的に参加してくれる人の中から、新たに読書会の運営メンバーになってもらい、運営を複数人で行えるようにしました。今でも、この時のメンバーが中心になって、読書会は続いています。

神・読書スキル40

↓読書会で知識をミックスさせる。

読書会を鉄板で盛り上げる方法とは？

これまで、新しい参加者を増やすにはどうすればいいのかについて、様々な試行錯誤を行なってきました。まずは、読書会のフェイスブックページの「いいね」数を増やすために、フェイスブック広告を少額で、継続的に掲載していました。ある程度の参加者の数を得るためには、最初の種火となる「いいね」数の母数は大事だったように思います。

参加者には、毎回どのような経緯でページを見つけたのかをヒアリングしました。

多くの場合、周りのつながっている人が、フェイスブックページに「いいね」を押したのを見たとか、イベントをフォローしてみるのを見て、気になって来てみたというのが多かったです。つまり、「いいね」を押す、イベントをフォローすることが、クチコミとして認知の導線になるのが、フェイスブックの仕組みだということです。

継続的にイベントの開催レポートを投稿しました。Twitterを連動させて、毎回イベントの告知、開催レポートの拡散も行いました。ブログを書いてみたりもしました。

毎週継続的にイベントを開催し、レポートを投稿する。こうした継続的な活動が、結果的に多くの人に認知されるきっかけとなります。残念ながら、多くの読書会は継続しません。最初の人が集まるまで、モチベーションを保って、継続的に活動するにはそれなりの我慢が必要だからです。

人を集める秘訣は何か。結局のところ「継続」しかないのです。イベントは継続的に活動できるように、知人や友人と一緒にチームで行うなど、**最初から継続的に続けられる仕組みを考えてから、開催するべき**です。

読書会の運営もマーケティングを

こうした継続的な活動も、ただ何も考えずに行なっていたわけではありません。人を集めるためのマーケティング手法は、読書会で紹介されたマーケティングや行動心理学の本を使って、色々と試してきました。

たとえば、『朝、カフェで読書会』のフェイスブックページは、女性が参加しやすいようなイメージにしています。女性が集まれば、自然と男性が集まるであろうという出会い系的なマーケティングの手法です。

だから、フェイスブック広告のターゲットも20代、30代の女性に絞って投稿していました。開催場所も貸し会議室ではなく、おしゃれなカフェです。タバコはNG。チェーン店のカフェは、スターバックス以外は利用しません。

ビジネス書という割と固いカテゴリーでも、きちんとマーケティングを行えば、女性の参加者を増やすことは可能です。

日曜日の午前11時を開始時間に選んだのも、日曜の午前中に勉強に参加してくれる人は、勉強熱心でモチベーションも高いだろうと考えてのこと。一方で、朝の時間が早すぎても集まる人は少数派。だから**午後には予定を入れられるように11時という時間帯**にしています。

開催場所も、都内のアクセスの良い場所にしました。これまで、渋谷、表参道を中心に、銀座、丸の内、恵比寿、代官山など様々なところで開催しました。開催場所を分散することで、これまで住んでいる場所が遠くて参加しにくかった人を取り込もうと考えてのことです。場所を変えながら、参加者の居住エリアをヒアリングして、アクセスの利便性について考えてきました。また、**都内のアクセスが良い場所で開催すると、午後に都内で用事がある人にも参加してもらいやすくなります。**

課題となる本のテーマを絞るという試みも行なってきました。たとえば、「マーケティング」「心理学」「コミュニケーション」「マネジメント」「ビジネスモデル」などです。テーマを絞ることで、より明確にそのテーマに興味を持っている人を集められるのではないかと考えたからです。結果として、テーマを絞ると参加者が減るどころか、むしろモチベーションの高い人が参加してくれて、読書会の質を高める結果となりました。

テーマを難しくするなど、参加者に一定の制限をかける、顧客セグメントを絞るという手法は、様々なビジネスに使われています。読書会の運営の方法としても、使えることがわかりました。

読書会の一番の魅力は、結局のところ参加者自身です。参加者に面白い人がいれば、どのような本が出てこようが、盛り上がります。そうやって盛り上がれば、参加者はリピートするという、正のフィードバックループが起こります。

読書会の運営を長く続けていく中で、30名以上の人が集まる時期がありました。もはや複数人でないと運営できない規模です。グループを分けて運営する必要があり、またカフェにも入りきれないなどの支障をきたすようになりました。

規模が大きくなりすぎて、人数制限をかけるようになり、人数をコントロールするなどのやりくりも行いました。それでも、一時期は雑誌に取り上げられたり、人数のコントロールもできない状態がありました。

神・読書スキル 41

↓読書会の質は本ではなく人で決まる。

本を通して、自分よりもデキる人とつながっていく

人が集まるようになると、今度は本を書いている著者が参加してくれるようになりました。出版社の編集者やライターが参加してくれたりして、著者を紹介してくれるようになりました。

「著者と読書会」の始まりです。3年ほど前から、月1回程度、著者を呼んで読書会を行うようになりました。著者にとっても、書籍のPRになる上、直接読者からフィードバックを受けることが刺激になるようです。

２０１７年からは、渋谷の道玄坂にあるブックカフェ『BOOK LAB TOKYO』で、定期的に著者イベントを開催させてもらえるようになりました。毎回、20〜30名ぐらいの参加者が集まり、著者と読者が身近にコミュニケーションを取ることができる場になりました。

来年は、自分の興味のある著者を紹介してもらったりしながら、企業などと連携しながら、新しい取り組みができればいいなと思っています。

7年前、読書会を始めた時は、参加者は運営メンバーの3人だけでした。「ビジネス書を使って勉強会を開催して、知識をシェアしたい」と知人に声をかけていただけの小さな会が、気がつくと著者を呼ぶことができる会になっていました。特に何か特別なことをしたわけではありません。

今は、フェイスブックだけでなく、様々なイベント作成ツールがあります。気軽に誰でもイベントを開催できる時代です。**定期的に情報を発信して、参加者にリピーターになってもらえるような価値を提供することができれば、誰でも人を集めることができます。**人を集めることができるようになると、ビジネス書の著者といった専門家など、自分よりもデキる人とつながる機会が現れるでしょう。

読書会に参加するだけでなく、自分が主催者側になって、読書会を開催してみる。そうすると、これまで以上に世界が広がります。

神・読書スキル 42

↓読書会に多く参加した人は、運営側に回ることも考える。

ユルくても集客できる読書会運営4つのポイント

ＳＮＳが普及した現在では、誰でもイベントを気軽に開催することができます。人を集めることが容易になりました。ぜひ、自分でも読書会を立ち上げてみて下さい。

ここでは、読書会の運営のポイントを４つ紹介します。

①定期開催するモチベーションを保つ仕組みを考えよう

多くの読書会が継続しないのは、人を集められないから。しかし、人を集めることができるようになるには、継続が必要です。

誰か他に新しい参加者が来てくれなくても、**継続的に読書会を開催できるように友人など運営者を複数人集めましょう**。月1回集まる仲間内の勉強会をオープンにするなどの方法も良いでしょう。

②リピーターになってもらえる楽しい雰囲気を作ろう

あまりにも仲間内感が強いと外から新しい人がやってきても、リピーターになってもらえません。新しい人が顔を出しやすい雰囲気を作りましょう。

どうしても読書会を継続していくと、慣れや知識の向上によって、どんどんと会話や選ぶ本がマニアックになりがちです。あまり本を読んでいない人でも、迎えられる気軽さと親切さが大切です。

③試行錯誤を忘れない

最初から人は集まりません。失敗ありきで、試行錯誤して、学びながら運営することが大切です。時間を変えてみる、場所を変えてみる、情報発信の方法を変えてみる、コンセプトを変えてみる、あるいは知人を使って、新しい取り組みをしてみるなど、やり方は様々です。試行錯誤していく内に、どうすれば参加者が増えるのか、どうすればリピーターが増えるのかといった細かいノウハウが積み上がっていきます。そうした試行錯誤が、読書会を継続させることになります。

④ゆるいが一番?

今の時代、本を読む人自体が少数派です。周りに10人いて、本を読んでいる人は1人ぐらいです。はじめから熱狂的な読書マニアしか、ついてこられない読書会は運営していくことが厳しいです。お茶をして、仕事や日常の話をするぐらいでちょうどいいかもしれません。肩の力を抜いて、気軽な会にすることで、参加者も運営者も楽しむことができます。

神・読書スキル 43

↓読書会といえど「本を読む人は少数派」であることを前提とする。

図7　「読書会」運営４つのポイント

①定期開催する仕組みを考える
②楽しい雰囲気でリピーターをつくる
③試行錯誤を忘れない
④ゆるい感じで楽しむ

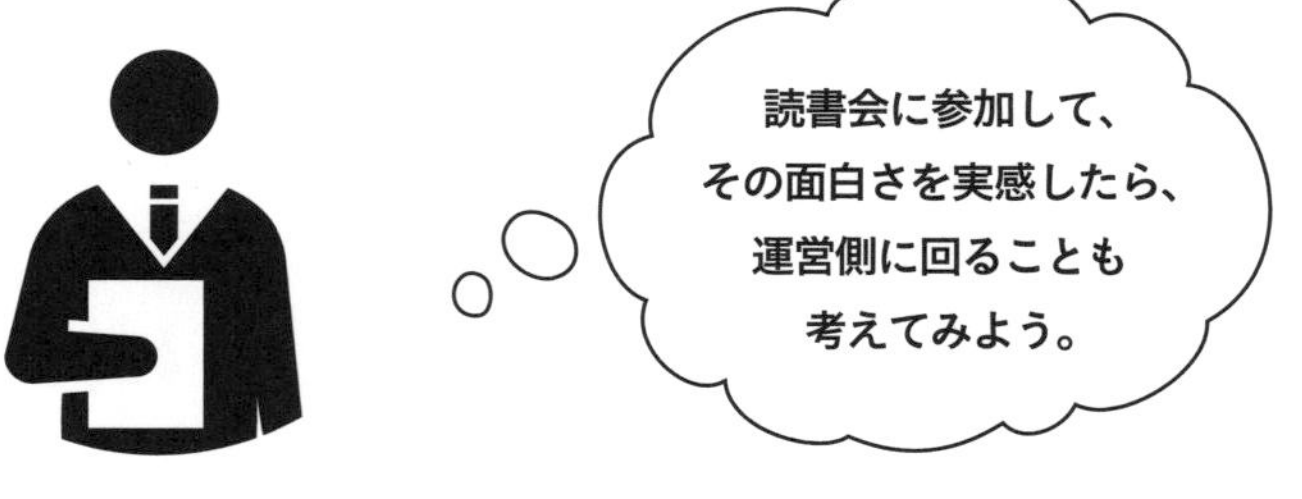
読書会に参加して、
その面白さを実感したら、
運営側に回ることも
考えてみよう。

終章

読書した者だけがたどりつける世界

本で得た知識を仕事の武器にする方法

ドラッカーは、「マネジメントとは実践である。その本質は知ることではなく、行うことにある」と言い、「成果をあげる人は、まず行動を起こす。自転車の乗り方を本で表現するのは難しい。しかも読んだからといってすぐに乗れるようにはならない。それでもまずは、乗ってみることが大切である。乗ってみて転んでから、自転車の教則本を読めば、新たな発見がある。それが習熟を後押しする。」と続けています。

仕事をする上で「知ること」、つまり読書はあくまでも、スタート地点です。知った上で実践することで、本当に使える武器となります。

多くの人は、読書に対して、過度の期待をしすぎています。本を読めば賢くなる、仕事ができるようになる。しかし、**結局のところ本を読むだけでは、成果をあげることはできません。読んだ知識を実践で使って得られた経験こそが、役に立つ**のです。本を読んでも、一向に成果が上がらない人の多くは、実践が不足しています。

読書は、将棋でいう「定石」や「棋譜」のようなものです。素人同士の対局においては、「定石」や「棋譜」を知っているかどうかで、大きな差がつきます。プロ同士の対局では、こうした定石や過去の棋譜の研究の上で、新しい戦法や読みが勝負を左右します。

ビジネスにおいても同じです。広く知られている基本的な知識をまず読書で学ぶこと。基本を知っているだけで、知らない人に対しては大きなアドバンテージとなります。しかし、その先は、知っているだけでは大きな差にはなりません。実践で活かし、経験として学びを得ていかなければ、使える武器にはならないのです。

神・読書スキル 44

↓読書の真の目的は知識を広げることではなく、実践で使うこと。

読書で世の中の「定石」を知り自分をアップデートせよ

ビジネスの世界のルールは、将棋と違って常に変化します。新たなテクノロジーが登場すれば、それによって大きな影響を受けます。新しい事業機会が出現したり、新しい競合が出現したり、新たな規範が登場することで、企業や人は大きく影響を受けます。

これまで家電製品や自動車をはじめとするテクノロジーの発展に伴って、人々の生活は大きく変化しました。１９７０年代にパソコンが登場して以降は、１９８０年代にインターネット、携帯電話、１９９０年代にスマートフォン、２０００年代にＳＮ

Sと、次々に人々の生活を変化させるテクノロジーが登場しては普及していきました。新しいテクノロジーが普及するサイクルはどんどんと早まっています。

最近では、AIの登場によって、働き方や教育のあり方までもが変わろうとしています。こうした環境の変化が激しい世界において、ビジネスの定石は変化していきます。過去の知識や経験が通用しなくなっていくのです。

環境の変化が激しい世界にあって、必要なことは常に自分の知識や経験をアップデートしていくことです。そのためのツールが読書です。継続的な読書によって、新しく知識をアップデートする。その上で、新しく得られた知識を用いて、実践する。そのことで、環境の変化に対応していくことができるようになります。

テレビやインターネットなどのメディアで、なんとなく世の中の変化を知るだけでなく、継続的な読書によって、新しい定石を手に入れましょう。

神・読書スキル45

➡継続的なインプット&アウトプットで、新しい「定石」を生みだしていく。

おわりに・・・

数千冊読んでたどりついた良質な読書インプット法

『bookvinegar』を運営してみた結果、数千冊もの本を読むことになりました。その過程で、自分自身の読書の効率化に迫られて、本書の方法を実践していくことになりました。

今、本を読む人はかなりの少数派です。しかし、これまで大量の本を読んだ結論として言えることは、「読書は効率的なツールだ」ということです。きちんと本を読んで、活用すれば必ず役に立ちます。

アプトプットの質を決めるのは、良質なインプットです。それは本の知識だけでなく、経験や人とのつながりを含めたインプットです。それらのインプットがより広く深いほど、様々なアウトプットにつながっていきます。

インプットの量が少なく質も低ければ、凡庸なアイデアしか浮かびません。個性も発揮されません。他者との差別化も図れません。環境の変化も激しい時代、学び続けることこそが唯一の生存方法だと思います。

本書では、限られた時間の中で、効率的なインプットを行うため、読書の最適化の方法を紹介してきました。本書を読んでくださった方々が、読書の価値を改めて振り返り、継続して読書を続けていかれることを願っております。

今から約8年前に、本を効率よくインプットする方法がないものかと立ち上げたのが『bookvinegar』というサイトでした。そこから様々な人たちとのつながりやアイデアが生み出されました。そして、時間を経て本書につながります。

ゼロの状態から最初の一歩を踏み出すために、背中を押してくれた野末晋平さん、末政伸多さん、植田健治さんに改めて感謝いたします。また、これまで『朝、カフェで読書会』を一緒に運営してくれたメンバーや、これまで支えていただいた多くの方に感謝いたします。

最後に、本書を最後まで読んでいただいた読者の方々、ありがとうございました。

２０１９年4月　坂本　海

坂本海（さかもと・うみ）

ビジネス書・新書の書評・要約メディア『bookvinegar』編集長。『朝、カフェで読書会』主宰者。

1976年、兵庫県生まれ。大学卒業後、半導体商社を経て、2006年、SBIインベストメント株式会社に入社、ベンチャー投資の審査や経営支援に従事する。

2011年、読書好きがこうじて株式会社ブックビネガーを設立。

ピーク時で年間500冊を読破＆要約するなかで、読書スピードと読解効率を飛躍的に伸ばす独自のメソッドを開発、これまで2000冊以上のビジネス書を紹介し、今もその数字を更新中。現在は、スタートアップ企業の事業戦略やファイナンスに携わりながらも、年間300冊程度の書籍を読み、同メディアで紹介し続けている。

また『朝、カフェで読書会』を立ち上げ、のべ300回以上の開催、3000人以上のビジネスパーソンと会い、読書家たちのコミュニティを作る。近年は、渋谷の書店『BOOK LAB TOKYO』と共同で、ビジネス書著者のPRイベントなども開催、「つながる読書」をモットーに活躍中。

神・読書術
10倍速で読んで、要点だけ記憶する

2019年5月29日　初版発行

著者　坂本海
発行者　常塚嘉明
発行所　株式会社 ぱる出版

〒160-0011　東京都新宿区若葉1-9-16
03（3353）2835 ― 代表　03（3353）2826 ― FAX
03（3353）3679 ― 編集
振替　東京 00100-3-131586
印刷・製本　中央精版印刷(株)

ISBN978-4-8272-1176-4 C0034